AF462455

CODE MILITAIRE,

CONTENANT

TOUS LES DÉCRETS

DE L'ASSEMBLÉE NATIONALE,

Sanctionnés ou acceptés par le Roi,

SUR l'Organisation des Armées de Terre et de Mer.

TROISIEME PARTIE.

A PARIS,

Chez DEVAUX, Imprimeur-Libraire, au Palais-Royal, n°. 181.

1791.

CODE DE L'ARMÉE DE TERRE.

DÉCLARATION du roi, portant sanction d'un décret de l'assemblée nationale, du 21 octobre 1789, pour l'établissement d'une loi martiale.

L'ASSEMBLÉE NATIONALE considérant que la liberté affermit les empires, mais que la licence les détruit ; que loin d'être le droit de tout faire, la liberté n'existe que par l'obéissance aux lois ; que si dans les temps calmes cette obéissance est suffisamment assurée par l'autorité publique ordinaire, il peut survenir des époques difficiles où les peuples, agités par des causes souvent criminelles, deviennent l'instrument d'intrigues qu'ils ignorent; que ces temps de crise nécessitent momentanément des moyens extraordinaires pour maintenir la tranquillité publique & conserver les droits de tous, a décrété & décrete la présente loi martiale.

ARTICLE PREMIER.

Dans le cas où la tranquillité publique sera en péril, les officiers municipaux des lieux seront tenus, en vertu du pouvoir qu'ils ont reçu de la commune, de déclarer que la force militaire doit être déployée à l'instant pour rétablir l'ordre public, à peine par ces officiers d'être responsables des suites de leur négligence.

II. Cette déclaration se fera en exposant à la principale fenêtre de la maison de ville, & en portant dans toutes les rues & carrefours un drapeau rouge, & en même temps les officiers municipaux requerront les chefs des gardes nationales, des troupes réglées et des maréchaussées, de prêter main-forte.

III. Au signal seul du drapeau rouge, tous attroupemens, avec ou sans armes, deviendront criminels, & devront être dissipés par la force.

IV. Les gardes nationales, troupes réglées et maréchaussées requises par les officiers municipaux, seront tenues de marcher sur le champ, commandées par leurs officiers, précédées d'un drapeau rouge, et accompagnées d'un officier municipal au moins.

V. Il sera demandé par un des officiers municipaux aux personnes attroupées, qu'elle est la cause de leur réunion, et le grief dont elles demandent le redressement. Elles seront autorisées à nommer six d'entre elles pour exposer leurs réclamations & présenter leurs pétitions, &

tenues de se séparer sur le champ & de se retirer paisiblement.

VI. Faute par les personnes attroupées de se retirer en ce moment, il leur sera fait à haute voix par les officiers municipaux, ou l'un d'eux, trois sommations de se retirer tranquillement dans leur domicile. La première sommation sera exprimée en ces termes : *AVIS est donné que la loi Martiale est proclamée, que tous attrouppemens sont criminels ; on va faire feu, que les bons citoyens se retirent.* A la deuxième & troisième sommations, il suffira de répéter ces mots : *on va faire feu, que les bons citoyens se retirent.* L'officier municipal énoncera que c'est ou la première, ou la seconde, ou la dernière.

VII. Dans le cas où, soit avant, soit pendant le prononcé des sommations, l'attroupement commettroit quelques violences, et pareillement dans le cas où, après les sommations faites, les personnes attroupées ne se retireroient pas paisiblement, la force des armes sera à l'instant déployée contre les séditieux, sans que personne soit responsable des événemens qui pourront en résulter.

VIII. Dans le cas où le peuple attroupé n'ayant fait aucune violence, se retireroit paisiblement, soit avant, soit immédiatement après la dernière sommation, les moteurs et instigateurs de la sédition, s'ils sont connus, pourront seuls être poursuivis extraordinairement, et condamnés, savoir, à une prison de trois ans, si l'attroupement n'étoit pas armé, et à la peine de mort, si l'attroupement étoit en armes. Il ne sera fait aucune poursuite contre les autres.

IX. Dans le cas où le peuple attroupé feroit quelque violence, ou ne se retireroit pas après la dernière sommation, ceux qui échapperont aux coups de la force militaire, et qui pourront être arrêtés, seront punis d'un emprisonnement d'un an, s'ils étoient sans armes; de trois ans, s'ils étoient armés; et de la peine de mort, s'ils étoient convaincus d'avoir commis des violences. Dans le cas du présent article, les moteurs et instigateurs de la sédition, seront de même condamnés à mort.

X. Tous chefs, officiers, et soldats des gardes nationales, des troupes et des maréchaussées, qui exciteront ou fomenteront des attroupement, émeutes et séditions, seront déclarés rebelles à la nation, au roi et à la loi, et punis de mort; et ceux qui refuseront le service, à la réquisition des officiers municipaux, seront dégradés et punis de trois ans de prison.

XI. Il sera dressé par les officiers municipaux, procès verbal qui contiendra le récit des faits.

XII. Lorsque le calme sera rétabli, les officiers municipaux rendront un décret qui fera cesser la loi martiale, et le drapeau rouge sera retiré, et remplacé, pendant huit jours, par un drapeau blanc.

PIECES relatives à l'occupation des forts de Marseille & de Montpellier.

Lettre de M. le comte de Saint-Priest, à la municipalité de Marseille.

A Paris, le 10 mai 1790.

J'AI reçu, Messieurs, les lettres que vous avez pris la peine de m'écrire le 30 avril & le premier de ce mois, ainsi que la pièce jointe, intitulée: *Articles de convention, &c.*

Le roi étoit déjà informé de la surprise du fort de Notre-Dame-de-la-Garde, et de l'occupation de la citadelle et du fort Saint-Jean, par les gardes nationales de votre ville; mais sa majesté ne se seroit pas attendu qu'au lieu d'excuser ces coupables démarches, vous me les représenteriez comme dignes d'éloges; Elle ne me permet pas de répondre aux motifs que vous alléguez, et m'ordonne seulement de vous prescrire de sa part de faire évacuer immédiatement par la troupe nationale, les forteresses où elle s'est introduite, en les remettant aux troupes qui en avoient ci-devant la garde exclusive, ainsi que tous les effets militaires et autres qui s'y sont trouvés. Une prompte obéissance à l'ordre du roi, que je joins ici, peut seule atténuer des torts aussi graves.

Sa majesté a ordonné en même temps à M. le garde des sceaux, de prescrire au procureur du roi de la Sénéchaussée, les enquêtes les plus exactes contre les auteurs, fauteurs et complices de l'assassinat de M. le chevalier de Beausset, major du fort Saint-Jean, ainsi que sur les indignités qui ont suivi ce meurtre attroce, dont la punition doit attirer toute la sévérité des lois.

J'ai l'honneur d'être, etc. *Signé* DE SAINT-PRIEST.

Ordre du Roi à la municipalité de Marseille.

DE PAR LE ROI.

Sa majesté mande et ordonne aux officiers municipaux de la ville de Marseille, qu'aussi-tôt après la réception du présent ordre, ils ayent à faire évacuer par la garde nationale, les forts de Notre-Dame-de-la-Garde, de Saint-Nicolas, et de Saint-Jean de ladite ville, et à remettre lesdits forts aux commandans pour sa majesté, pour, la garde en être faite par ses troupes; comme aussi enjoint sa majesté auxdits officiers municipaux, de remettre auxdits commandans tous les effets militaires et autres qui se sont trouvés dans lesdits forts.

Fait à Paris, le dix mai mil sept cent quatre-vint-dix.

Signé LOUIS. *Et plus bas*, DE SAINT-PRIEST.

Lettre de M. le comte de Saint-Prieſt, à la municipalité de Montpellier.

Paris, le 10 mai 1790.

D'après les informations qui me sont parvenues, Messieurs, j'ai été dans le cas de rendre compte au roi de l'entreprise de quelques particuliers de votre ville, qui se sont introduits dans la citadelle le 2 de ce mois.

Sa majesté est fort éloignée de vous imputer cette coupable extravagance, et j'ai pris la liberté de l'assurer que la Municipalité ni la garde nationale de Montpellier n'y ont pris d'autre part que d'y placer main-forte, pour éviter tout désordre; mais j'ai été peiné que vous ne m'en ayez pas écrit, pour pouvoir mettre votre propre désaveu sous les yeux de sa majesté, en lui rendant compte de cet événement.

Le roi vous ordonne, Messieurs, de remettre la citadelle entre les mains de son commandant militaire, y replaçant avec exactitude tout ce qui pourroit avoir été distrait des arsenaux et magasins. Je joins à cet effet l'ordre de sa majesté. M. le comte de la Tour-du-Pin écrit à M. le marquis de Bouzols, d'y faire entrer quatre compagnies du régiment de Bresse, pour en former la garnison exclusive.

J'ai l'honneur d'être, etc. *Signé* DE SAINT-PRIEST.

Ordre du roi à la municipalité de Montpellier.

DE PAR LE ROI.

Sa majesté mande et ordonne aux officiers municipaux de la ville de Montpellier, qu'aussi-tôt après la réception du présent ordre, ils ayent à faire évacuer la citadelle de ladite ville, par la Garde nationale qui s'y est placée, et à remettre ladite citadelle entre les mains du commandant de sa majesté, pour, la garde en être faite exclusivement par ses troupes. Comme aussi enjoint sa majesté auxdits officiers municipaux de faire replacer dans les arsenaux et magasin de ladite citadelle tous les effets militaires et autres qui pourroient en avoir été distraits.

Fait à Paris, le dix mai mil sept cent quatre-vingt-dix. *Signé* LOUIS. *Et plus bas*, DE SAINT-PRIEST.

Lettre de M. le comte de Saint-Priest à M. le président de l'assemblée nationale, du 11 *mai* 1790.

MONSIEUR LE PRÉSIDENT,

J'ai l'honneur de vous adressser, par ordre du roi, la copie de deux lettres que j'ai reçues de la municipalité de Marseille, en date du 30 avril et du premier de ce mois, avec un écrit intitulé *Conventions*, *&c.* Je vous prie d'en faire part à l'assemblée nationale, ainsi que de la présente, dont l'objet est de rédiger un court précis des événemens survenus récemment dans ladite ville.

Dès le commencement de l'année dernière, Marseille éprouvant des troubles intérieurs, le commandant de la province y fit passer trois régimens d'infanterie et deux cents Dragons, pour cette ville et ses trois forts. Les choses demeurèrent en l'état jusqu'à la formation de la nouvelle municipalité. A peine fut-elle constituée, qu'elle députa au roi deux de ses membres pour supplier sa majesté de retirer ses troupes de Marseille ; mais l'importance de cette ville, l'affluence d'étrangers que son commerce attire, la convenance d'y placer une partie des forces destinées à la défense d'une province à la fois frontiere et maritime, auroient empêché sa majesté de céder à cette demande, si la détention de M. le marquis d'Ambert, colonel au régiment Royal-la-Marine, faisant partie de la garnison, et les suites qui pouvoient en résulter, n'eussent décidé le roi à le faire passer à Aix. Sa majesté eut égard en même temps aux plaintes des députés de Marseille, sur la cherté des fourrages, que le séjour des dragons occasionnoit dans leur ville, et ils furent renvoyés à leurs corps respectifs.

L'impatience de la municipalité de Marseille sur le délai nécessaire pour l'expédition des ordres de marche, fut telle que, quoique prévenue par une de mes lettres, des dispositions du roi, elle se permit de rédiger, signer, faire imprimer et débiter une dénonciation à l'assemblée nationale contre MM. de la Tour-du-Pin, de Miran et moi, nous inculpant ou de supposition, ou d'inexécution des ordres du roi.

Après le départ des dragons et de Royal-la-Marine, les habitans de la ville furent entièrement déchargés du logement des troupes. On plaça l'un des deux régimens dans des couvens de religieux; l'autre entra en entier dans les forts : la garnison de Notre-Dame-de-la-Garde fut renforcée de 30 hommes.

Le 30 avril, à la pointe du jour, les sieurs Malherbe et Verteuil s'introduisirent dans cette place à l'ouverture des portes qui s'étoit faite sans les précautions militaires d'usage ; ils en surprirent la sentinelle, l'empêchèrent d'appeler, et facilitèrent ainsi l'entrée à cinquante volontaires embusqués qui s'emparèrent du fort. Vous verrez par la lettre que la municipalité de Marseille m'écrit le même jour, l'approbation qu'elle donne à cette action. Je dois, au reste, vous observer, Monsieur, qu'il n'avoit été ordonné par le gouvernement aucun approvisionnement extraordinaire de guerre et de bouche pour les trois forts, et que si l'appareil militaire que la municipalité dit avoir échauffé l'esprit des citoyens, a eu lieu, il ne se rapportoit probablement qu'au soin très-légitime des commandans, de tenir leurs places en bon ordre ;

au reste, leur conduite sera soumise au jugement d'un conseil de guerre.

La lettre du premier mai montre que la municipalité elle-même agissant pour la milice nationale, a sommé les commandans des deux forteresses de Saint-Nicolas et de Saint-Jean, d'en partager la garde avec les troupes réglées de la garnison, et l'a obtenu. La résistance qu'elle dit avoir éprouvée à cet égard au fort Saint-Jean, étoit principalement due à M. le chevalier de Beausset, major de la place. Le lendemain à trois heures, cet officier sortant de sa forteresse pour se rendre à l'hôtel-de-ville, fut poursuivi et massacré : sa tête a été coupée et portée dans les rues au bout d'une pique. Une troupe barbare de peuple et de soldats du régiment de Vexin, accompagnoit cet horrible trophée avec des danses et des cris de joie. Tel est le rapport que j'ai reçu de ce funeste événement.

Il est aisé, Monsieur, de juger

de l'impression douloureuse que le roi en a éprouvée. Sa majesté vient d'ordonner à son garde des sceaux des informations exactes contre les auteurs, fauteurs, et complices de ce meurtre, et des atrocités qui en ont été la suite; elle m'a prescrit en même temps d'envoyer ses ordres les plus précis à la municipalité de Marseille, sous peine de responsabilité, de faire sortir la garde nationale des forts qu'elle a occupés, sans rien distraire des armes et munitions de guerre qui s'y étoient trouvées. Ce préalable étoit d'autant plus pressant à remplir, que malgré la confiance que méritent des soldats citoyens, dont d'ailleurs les fonctions n'ont encore été réglées par aucun décret, il est évident que les garnisons de places fortes et importantes, sur-tout de provinces frontières et maritimes, ne doivent être composées que de gens de guerre uniquement employés à leur garde.

Le roi ne doute pas, Monsieur,

que l'assemblée nationale n'applaudisse à ces dispositions. Sa majesté, persuadée que l'union de ses sentimens avec elle doit être le salut du royaume et le véritable soutien de la constitution, seroit vivement affectée, si l'assemblée n'envisageoit pas cet objet de la même manière.

M. le marquis de Miran, commandant des troupes en Provence, ayant demandé son rappel au roi, sa majesté destine pour le remplacer, M. le marquis de Crillon; elle souhaite que la qualité de député ne mette aucun obstacle au choix de cet officier général. Je vous prie de consulter à cet égard l'assemblée nationale, et de me faire part de sa délibération.

J'ai l'honneur d'être avec respect, Monsieur le président, etc.

Signé DE SAINT-PRIEST.

P. S. Je finissois ma lettre, M., lorsque j'ai appris la surprise de la citadelle de Montpellier, par quelque jeunes citoyens et des soldats de la garde nationale, sans le concours de ce corps ni de la municipalité. On ajoute qu'elle s'en est mis depuis en possession en attendant les ordres du Roi. Sa majesté fera informer des faits, et ordonnera que cette place soit remise au commandant militaire, en l'état où elle étoit auparavant.

Par les mêmes nouvelles, j'apprends qu'on a cherché à exciter à Nîmes une coupable fermentation, qui s'est manifestée par une différence de cocardes. Le régiment de Guienne, officiers et soldats, fidèles à l'ordre du roi, de porter la cocarde nationale que sa majesté a adoptée, a calmé ce mouvement populaire, de concertavec la municipalité, et d'une manière très digne d'éloges. Le roi a chargé son ministre de la guerre d'en témoigner sa satisfaction à ce régiment.

Décret de l'assemblée nationale du 12 mai 1790.

L'assemblée nationale, profondément affligée des désordres qui ont eu lieu dans plusieurs endroits du royaume, et notamment dans la ville de Marseille, charge son président de se retirer vers le roi, pour remercier sa majesté des mesures qu'elle a prises, tant pour la recherche des coupables, que pour la réparation de ces excès, et renvoie l'examen de cette affaire et de ses dépendances au comité des rapports.

Collationné à l'originale, par nous président & secrétaires de l'assemblée nationale. A Paris, les jour & an que dessus. *Signé* Thouret, *président*; Champeaux Palasne, Chabroub, de la Révelliere de l'Epeaux, le comte de Crillon, l'abbé Colaud de la Salcette, *secrétaires*.

Lettre de M. le comte de Saint-Priest à la municipalité de Marseille.

Paris, le 13 mai 1790.

Je vous envoie, Messieurs, la copie du décret rendu par l'assemblée nationale, d'après le rapport qui lui a été fait de ce qui s'est passé à Marseille; vous voudrez bien m'en accuser la réception.

J'ai l'honneur d'être, etc. *Signé* DE SAINT-PRIEST.

LOI relative aux moyens de pourvoir à la sûreté tant intérieure qu'extérieure du royaume, du 4 février 1791.

L'assemblée nationale, après avoir entendu le rapport des comités diplomatique, militaire et des recherches, sur les moyens de pourvoir à la sûreté, tant extérieure qu'intérieure du royaume, décrète ce qui suit:

ARTICLE PREMIER.

Le roi sera prié de donner des ordres pour presser l'organisation de l'armée, et pour que les différens corps de troupes soient incessamment portés au complet.

II. Pour être en état de porter au pied de guerre tous les régimens de l'armée, aussitôt que les circonstances l'exigeront, on s'assurera de cent mille soldats auxiliaires destinés à être répartis dans ces régimens.

III. Les auxiliaires seront engagés pour trois ans, sous la condition de joindre, aussi-tôt qu'ils en seront requis, les corps qui leur auront été désignés, pour y servir sous les mêmes lois et ordonnances, et avec le même traitement que les autres militaires.

Cette réquisition sera faite par les corps administratifs, en conséquence des ordres qui leur seront adressés par le roi, lesquels ordres ne pourront être donnés que d'après un décret du corps législatif

IV. Il ne sera reçu à contracter l'engagement de soldat auxiliaire, que des personnes domiciliées, ayant au moins dix-huit ans, et pas plus

plus de quarante ans d'âge, et réunissant d'ailleurs toutes les qualités requises par les ordonnances militaires ; on admettra de préférence ceux qui auront servi dans les troupes de ligne.

Les auxiliaires seront libres de contracter des engagemens dans l'armée, et alors ils seront remplacés dans les auxiliaires.

V. Les auxiliaires recevront pendant la paix, trois sous par jour, et il sera fait un fonds extraordinaire de cinquante livres par homme pour leur équipement à leur arrivée au corps, lorsqu'ils seront tenus de joindre. Ils jouiront dans le lieu de leur domicile des droits de citoyens actifs pendant le temps de leur engagement, quand même ils ne paieroient pas la contribution exigée, si d'ailleurs ils remplissent les autres conditions requises, et il leur sera assuré une retraite, après un certain nombre d'années de service : le comité militaire présentera incessamment à l'assemblée des vues sur cet objet.

VI. Les municipalités du chef-lieu de canton recevront les soumissions des personnes qui se présenteront pour contracter l'engagement d'auxiliaire; ils les feront parvenir, à mesure qu'ils les recevront, au directoire de leur district; ceux ci les feront passer sans délai au directoire de leur département, pour être adressées par eux au ministre de la guerre.

Loi relative aux colonels et lieutenans colonels qui, par les décrets concernant l'organisation de l'armée, sont susceptibles de remplacement, du 20 mars 1791.

L'assemblée nationale décrète que les colonels et lieutenans-colonels qui, par les décrets concernant l'organisation de l'armée, sont susceptibles de remplacement, seront, quant aux dispositions du 15 février 1791, assimilés aux colonels et lieutenans-colonels en activité effective, et pourront en conséquence et aux conditions prescrites par ledit décret, obtenir le brevet de maréchal-de-camp.

Loi relative aux troupes provinciales, du 20 mars 1791.

L'assemblée nationale, après avoir entendu son comité militaire, décrète ce qui suit :

ARTICLE PREMIER.

Le régime des milices étant aboli, à dater du jour de la publication du présent décret, les treize régimens de grenadiers royaux, les quatorze régimens provinciaux, et les soixante-dix-huit bataillons de garnison, formant les troupes provinciales, sont et demeureront supprimés.

II. A dater du même jour, les sous-officiers et soldats desdites troupes provinciales, ne seront plus astreints à aucun service, et il leur sera délivré des cartouches de congés absolus, sur lesquels seront inscrits le temps et la nature de leurs services.

III. Les sous-officiers et soldats des troupes provinciales seront susceptibles d'être admis dans la gendarmerie nationale, et ils auront droit à la préférence accordée aux troupes de ligne pour entrer dans les auxiliaires.

IV. Ceux desdits sous-officiers et soldats qui, par leur service, auront droit à une retraite, l'obtiendront conformément à ce qui suit, savoir :

Les sous-officiers, grenadiers et soldats provinciaux qui auront servi précédemment seize ans dans les troupes de ligne, obtiendront leur retraite sur le pied fixé par le décret du 14 décembre 1790 : les années de rassemblement dans les troupes provinciales seront comptées comme le service dans la ligne.

Les sous-officiers, grenadiers et

soldats qui ne pourront pas justifier de seize ans de service dans les troupes de ligne ou rassemblement de troupes provinciales, obtiendront des pensions de récompense militaire, conformément à ce qui est prescrit par l'ordonnance d'administration du 25 mars 1776, concernant les troupes provinciales.

V. Les porte-drapeaux, sous-lieutenans, quartier-maîtres, lieutenans et capitaines des troupes provinciales, seront susceptibles d'être admis comme officiers dans la gendarmerie nationale, pourvu qu'ils aient au moins six ans de service, dont trois ans d'activité, soit dans la ligne, soit dans des rassemblemens de troupes provinciales.

VI. Ceux desdits Officiers qui, par leurs services, seront susceptibles de retraite, l'obtiendront conformément à ce qui suit, savoir :

Les officiers des troupes provinciales qui auront servi précédemment seize ans dans les troupes de ligne ou rassemblement de troupes provinciales, obtiendront leur retraite sur le pied fixé par le décret du 3 août 1790.

Ceux qui ne pourront pas justifier de seize ans de service dans les troupes de ligne ou de rassemblement de troupes provinciales, obtiendront des pensions de récompense militaire, conformément à ce qui est prescrit par l'ordonnance d'administration du 25 mars 1776.

VII. Les officiers des troupes provinciales qui ne seront pas âgés de plus de vingt-cinq ans, seront susceptibles d'être remplacés aux places de sous-lieutenans, vacantes dans la ligne, après ceux des officiers qui, par le décret sur l'avancement, ont conservé droit au remplacement; mais ils ne prendront rang que du jour de leur entrée dans le régiment, leurs services précédens ne pouvant être comptés que pour la retraite et la décoration militaire.

VIII. Les officiers supérieurs susceptibles de remplacement, et qui désireront continuer leurs services, seront nommés à des emplois de leur grade, conformément à ce qui est prescrit par les articles X et XI du décret du 29 octobre 1790, sur l'avancement militaire, titre II du remplacement. Ceux des officiers supérieurs qui ne voudront pas continuer leurs services, ou qui ne sont pas susceptibles de remplacement, obtiendront leur retraite, conformément à ce qui est prescrit par l'article précédent.

IX. Les officiers supérieurs susceptibles de remplacement, et qui désireront continuer leur activité, conserveront jusqu'à leur remplacement ou leur retraite, la moitié des appointemens dont ils jouissent dans ce moment, à l'exception des officiers ci-devant dits de fortune, qui en jouiront en entier.

Les officiers de tous grades des troupes provinciales conserveront dix ans l'activité, année par année, pour la décoration militaire seulement.

X. Le régiment provincial de

Corse, le régiment de Paris, et la partie du bataillon du régiment du Roi, habituellement rassemblee à Saint Denis, également supprimés par le présent décret, obtiendront les récompenses militaires, ainsi qu'il est prescrit par les articles ci-dessus, et jouiront des mêmes avantages accordés aux officiers & sous-officiers réformés par la nouvelle organisation.

L'assemblée nationale décrète,

1°. Qu'à l'avenir le nombre des maréchaux de France ne pourra excéder celui de six; qu'ils ne pourront avoir d'autres fonctions que des fonctions militaires, et que leur traitement sera fixé à trente mille livres. Quant aux traitemens des maréchaux de France actuellement existans, qui ne seront pas conservés en activité, il y sera statué après avoir entendu le comité des pensions.

2°. Que les lieutenans généraux en activité seront réduits à trente, et que les quatre principaux commandemens de troupes, auxquels il a été affecté un traitement particulier de vingt mille livres, pourront être confiés par le roi, soit à des maréchaux de France, soit à des lieutenans généraux en activité.

LOI qui ordonne, entre autres choses, que le ministre de la guerre rendra compte des forces militaires du royaume, de l'état où se trouve l'organisation de la gendarmerie nationale et de ce qui a été fait pour l'organisation de l'armée auxiliaire, du 20 mars 1791.

L'assemblée nationale décrète que le ministre de la guerre lui rendra compte, et que ses comités militaire, diplomatique et des recherches, lui feront dans la semaine le rapport de la situation actuelle des forces militaires du royaume, de l'exécution qui a dû être donnée à ses décrets du 28 janvier dernier, ainsi que des mesures ultérieures qu'il pourroit y avoir lieu de prendre pour la défense de l'état.

L'assemblée nationale décrète en outre, que le ministre de la guerre lui rendra compte de l'état où se trouve l'organisation de la gendarmerie nationale, et de ce que les corps adminisiratifs, d'après les ordres du roi, ont fait pour mettre en action cette partie de la force publique; comme aussi, que le ministre rendra compte de ce qu'il a dû faire pour organiser l'armée auxiliaire dont l'assemblée a ordonné la formation.

LOI relative aux recrutemens, aux engagemens, aux rengagemens et aux congés, du 25 mars 1791.

TITRE PREMIER.

L'assemblée nationale ayant entendu le rapport de son comité militaire, sur le recrutement des troupes de ligne, les rengagemens, les dégagemens et les congés, décrète :

Article premier.

Tous les officiers, sous-officiers et soldats de toutes les armes, en activité de service ou attachés à quelques régimens, pourront se livrer au travail des recrues dans le lieu de leur domicile ou de leur résidence; mais ils ne pourront le faire que pour le régiment même dans lequel ils serviront, sans pouvoir jamais et sous aucun prétexte, engager aucun recrue pour un autre régiment.

II. Tous les officiers, sous officiers et soldats de toutes les armes, retirés du service, ainsi que tous particuliers, de quelque état qu'ils soient, pourront également se livrer à ce travail dans le lieu de leur domicile ou de leur résidence; mais ils ne pourront le faire qu'en vertu d'une commission expresse pour recruter, à eux donnée par le conseil d'administration d'un régiment; ils ne pourront recevoir de pouvoir de plusieurs à la fois, et ils ne pourront, sous aucun prétexte, engager pour aucun autre que pour celui qui les y auroit autorisés.

III. Indépendamment de ces deux espèces de recruteurs, les conseils d'administration, en cas d'insuffisance de ces moyens, pourront, s'il leur paroît nécessaire, détacher en outre dans les villes ou dans les départemens, des officiers, sous-officiers et soldats recruteurs; mais ils seront tenus de leur délivrer à cet effet des commissions et pouvoirs, sans lesquels ils ne pourront être autorisés à s'occuper de ce travail.

IV. Tous les officiers, sous-officiers et soldats en activité de service ou retirés, tous les particuliers autorisés à recruter dans le lieu de leur domicile ou de leur résidence, ainsi que tous officiers, sous officiers et soldats détachés de leur régiment à cet effet, conformément aux dispositions des articles I, II et III ci-dessus, seront tenus, avant de se livrer au travail des recrues, de déclarer au commandant militaire et au commissaire des guerres, s'il y en a, et en outre à la municipalité du lieu et au directoire du district, l'intention dans laquelle ils sont de s'en occuper, le nom du régiment pour lequel ils travailleront, et de leur demander toutes les permissions nécessaires en conséquence. La municipalité, sur le vu de leurs pouvoirs visés par le directoire du district, ou après avoir reconnu leurs droits, résultans de l'activité même de leurs services, leur délivrera, sans pouvoir le refuser, un certificat de recruteur, et les enregistrera comme étant autorisés à cet effet pour tel régiment nominativement; en conséquence, tous les engagemens faits par des individus non enregistrés à la municipalité, ou par eux, pour d'autres régimens que pour ceux pour lesquels ils auroient été inscrits, seront déclarés nuls et de nul effet.

V. Les engagemens qu'ils feront contracter, ne seront réputés valables, qu'autant qu'ils seront passés dans les formes prescrites, et qu'ils auront été ratifiés avec les formalités qui seront ordonnées ci-après.

VI. Tous les officiers, sous officiers et soldats employés au travail des recrues, quoique non domiciliés habituellement dans le lieu, seront assujettis à tous les réglemens de ville et de police, comme les autres citoyens, et le seront en outre à tous ceux de cette espèce qui pourroient être faits particulièrement concernant les recruteurs, par les corps administratifs des lieux où ils seront employés, ainsi qu'aux dispositions qui seront prescrites ci-après, pour assurer l'ordre de leur travail.

Il ne sera plus exigé des officiers aucun homme de recrue comme condition de leur sémestre, congés ou de leur admission au service ; il ne leur sera plus fait en conséquence aucune retenue, en raison des hommes qu'ils n'auroient pas engagés.

TITRE SECOND.

Des recrues.

ARTICLE PREMIER.

Dans toutes les troupes, on n'engagera à l'avenir de recrues que depuis l'âge de seize ans accomplis, jusqu'à quarante ans en temps de paix, et jusqu'à quarante-cinq en temps de guerre, pourvu toutefois que ceux qui auront ce dernier âge, aient précédemment servi, et qu'ils soient encore en état de remplir la durée entiere d'un engagement. Ceux qui s'engageront avant l'âge de dix-huit ans, ne pourront le faire que du consentement de leurs peres ou meres, ou tuteurs ou curateurs, s'ils en ont ; sans ce consentement, leur engagement sera déclaré nul. A dix-huit ans ils le pourront sans aucune intervention de famille, et ils ne seront plus admis à aucune réclamation. Les présentes dispositions n'auront point d'effet rétroactif pour les soldats déjà engagés dans l'armée avant l'âge de dix-huit ans.

II. Aucun régiment françois, soit d'infanterie, d'infanterie légère, soit de cavalerie, dragons ou chasseurs, ne pourra, sous aucun prétexte, engager des hommes nés hors la domination françoise, ni déserteurs d'aucun régiment.

III. Les régimens ci-devant connus sous le nom d'Allemands, Irlandois et Liégeois, seront seuls autorisés à engager des étrangers ; il leur sera permis néanmoins d'engager des François ; mais il leur sera défendu, sous aucun prétexte, de prendre des déserteurs des régimens François, à moins qu'ils n'aient eu leur amnistie.

IV. Les régimens Suisses continueront les opérations de leur recrutement, conformément à leurs usages et à leurs capitulations.

V. Il est défendu d'engager, sous aucun prétexte, les déserteurs, les vagabonds, les mendians d'habitude, les gens suspects ou soupçonnés de crimes, ceux poursuivis et flétris par la justice, ainsi que ceux qui auront été chassés des régimens.

TITRE TROISIEME.

Des engagemens.

ARTICLE PREMIER.

Tout recruteur sera tenu de déclarer à l'homme de recrue qu'il veut engager, le nom du régiment et l'espèce de troupe pour laquelle il l'engage.

II. La durée de l'engagement, dans toutes les troupes, tant d'infanterie que de cavalerie, dragons, chasseurs et hussards, sera fixée à huit ans, et ne pourra, sous aucun prétexte, être portée au delà.

III. Le prix des engagemens sera déterminé en raison de la taille des hommes, et sera toujours porté en dépense par les recruteurs et par les régimens, tel qu'il aura été payé réellement : il sera divisé en deux parties ; l'une qui pourra être donnée comptant à l'homme qui s'engagera ; et l'autre, qui sera toujours réservée pour lui être payée à son arrivée au régiment, et servir à lui fournir tous les effets du petit équipement qui pourroient lui être nécessaire, ainsi qu'il sera plus particulièrement prescrit par les réglemens.

IV. Le recruteur, après avoir pris, sur la conduite, sur l'âge et sur la probité de l'homme qui se présentera à lui pour s'engager, tous les renseignemens nécessaires ; après s'être fait représenter tous les certificats dont il pourroit être porteur, pour constater son âge et son existence civile ; après s'être assuré du consentement de ses pere, mere ou tuteur, s'il n'a pas dix-huit ans ; enfin, après avoir fait vérifier dans les formes qui pourroient être prescrites par les réglemens, qu'il n'a point d'infirmités qui puissent l'empêcher de porter les armes, lui fera signer son engagement.

V. Tout engagement contracté dans l'ivresse, par surprise ou par violence de la part du recruteur, sera déclaré nul à la ratification.

VI. Si l'homme de recrue sait écrire, il remplira lui-même l'imprimé de son engagement, en y écrivant de sa main ses noms, demeure, âge et sommes convenues avec lui, tant payables comptant, que payables à son arrivée au régiment, lesquelles seront détaillées en toutes lettres : il le datera de même et le signera de ses noms de baptême et de famille.

VII. Tout engagement qui ne sera pas daté, rempli en toutes lettres, et signé par le recrue, ainsi qu'il est prescrit en l'article précédent, sera déclaré nul ; et pour le rendre valable, si le recrue ne sait pas écrire, il fera sa marque au bas, en présence de deux témoins, par l'un desquels les blancs de l'engagement devront être remplis, et qui devront le signer tous les deux en cette qualité.

VIII. Ces témoins ne pourront être des militaires, sous peine de nullité de l'engagement; ils seront pris parmi les domiciliés de l'endroit, et il sera fait mention au bas de leur signature, de leur demeure et de leur qualité.

IX. L'engagement, quoique signé et soldé, ne sera valable néanmoins qu'après la ratification faite à la municipalité du lieu, et ainsi qu'il sera dit ci-après.

X. Le recruteur sera tenu de présenter, dans les trois jours, les hommes de recrue qu'il aura engagés, à la municipalité du lieu, pour leur faire ratifier leur engagement; cette ratification ne pourra avoir lieu dans la même journée, pendant laquelle l'engagement aura été contracté, ni être remis au delà des trois jours.

XI. Si l'homme de recrue, au moment de la ratification, réclame contre la validité de son engagement, contre la violence qui auroit pu être employée pour le lui faire contracter, ou contre son ivresse dont on auroit abusé, la municipalité vérifiera le fait; s'il est grave, elle en fera une information dans les règles. Si cette vérification ou cette information lui font juger indispensable de ne point ratifier l'engagement, elle le refusera; mais elle ne le pourra faire qu'après avoir appelé, pour être témoin des raisons de son refus, le commissaire des guerres, s'il y en a, ou à son défaut un officier, n'importe de quel grade, soit en activité, soit retiré du service.

XII. Si la municipalité croit devoir prononcer la nullité de l'engagement, elle fera restituer en sa présence au recruteur par le recrue, la somme stipulée lui avoir été payée comptant, telle qu'elle sera énoncée par son engagement, à moins que ce dernier ne puisse prouver qu'elle ne lui a pas été réellement délivrée. Si au contraire elle croit devoir procéder à la ratification, elle le fera en présence du recrue et du recruteur, en signant au bas de l'engagement, la formule de ratification qui y sera insérée.

XIII. Si l'homme de recrue réclamant contre la validité de son engagement susceptible d'être déclaré nul, n'est pas en état de restituer aussi-tôt les sommes qu'il auroit touchées, il sera tenu de fournir caution pour cette somme, dans le délai de trois jours; sinon, après cette époque, son engagement sera déclaré valable, et il sera obligé de rejoindre le régiment.

XIV. Chaque municipalité tiendra un registre de recrutement; elle sera tenue d'y inscrire le nom de tous les recruteurs, de quelque espèce qu'ils soient, qui auroient fait constater par elle leurs droits ou leurs pouvoirs pour recruter, ainsi que tous les engagemens présentés par chacun d'eux qu'elle ratifiera, ou dont elle refusera la ratification: et dans ce dernier cas, elle y détaillera les raisons qui l'y auroient déterminée, ainsi que les noms du commissaire des guerres ou de l'officier appelé pour être témoin de ce refus de ratification, lequel sera tenu de signer au registre.

XV. Les recrues qui se feront au corps, soit en garnison, soit en route, seront engagés avec les mêmes formalités. La municipalité de la garnison, ou du lieu de passage, sera chargée des ratifications et sera tenue aux mêmes inscriptions sur les registres de recrutement, que toutes les municipalités devront avoir. Lorsqu'un régiment sera en route, les ratifications pourront se faire dans la journée même, si le régiment n'y a pas séjour.

XVI. Tout homme de recrue qui se repentant de s'être engagé, voudroit, avant la ratification, faire annuller son engagement, sans cependant pouvoir attaquer sa validité, pourra y parvenir, en portant sa demande à ce moment à la municipalité ; celle-ci, mais en présence seulement du commissaire des guerres, s'il y en a, ou à son défaut d'un officier, n'importe de quel grade, soit en activité, soit retiré du service, appelé à cet effet, ainsi qu'en la présence du recruteur, en prononcera la résiliation, aux conditions prescrites ci-après. Une fois la ratification consommée, l'homme de recrue, pour obtenir son dégagement, sera tenu de se conformer aux dispositions qui seront prescrites ci-après pour les congés de grace. Il est défendu expressément à tout recruteur d'annuller les engagemens, sous aucun prétexte et pour aucun prix, lorsqu'ils auront été ratifiés.

XVII. Tout homme de recrue qui désirera, conformément aux dispositions de l'article précédent, de se faire restituer son engagement, pourra le faire en remettant sur le champ au recruteur la somme reçue comptant par lui en s'engageant, et stipulée sur son engagement ; et

en

en outre celle de vingt quatre livres pour indemnité des faux frais de recrutement : en payant par lui ces deux sommes, le recruteur, sous aucun prétexte, ne pourra en exiger davantage, ni se refuser à lui remettre son engagement.

XVIII. La municipalité, en annullant ainsi cet engagement, en fera mention sur son registre, et cette mention sera signée par le commissaire des guerres ou l'officier appelé pour le suppléer, ainsi que par le recruteur.

XIX. Toutes conventions portées dans les engagemens, ou faites verbalement, tendantes à les annuller en restituant les sommes reçues dans un temps fixé, ainsi que toute promesse d'une solde plus forte que celle établie par les décrets, ou d'un grade quelconque en arrivant au régiment, sont défendues, sous peine de nullité de l'engagement.

XX. S'il s'élevoit des contestations pour raison des engagemens, soit entre les recruteurs et les hommes engagés, soit entre les recruteurs des différens régimens, les uns et les autres seront tenus de s'adresser à la municipalité qui jugera de la validité de l'engagement, mais en présence seulement du commissaire des guerres, s'il y en a, ou à son défaut, d'un officier, n'importe de quel grade, appelé conformément aux dispositions ci-dessus.

XXI. S'il s'éleve quelques difficultés entre la municipalité et les recruteurs, commissaires des guerres ou officiers appelés pour juger de la validité des engagemens ou de leurs restitutions, les contestations sur l'appel du recruteur, du commissaire des guerres, ou de l'officier appelé, seront portées devant le directoire du département, qui prononcera, mais en présence seulement du commissaire ordonnateur du département, ou de celui qui en fera les fonctions.

XXII. Les recruteurs, ainsi que les hommes dont les engagemens au[illegible], seront toujours immédiatement sous les ordres des commandans militaires, dans les villes où il y en aura d'établis, et leur seront en conséquence subordonnés pour tout ce qui pourra intéresser la police et la discipline militaire.

XXIII. Il sera statué par les réglemens, sur les précautions ultérieures à ordonner, soit aux gendarmes nationaux, soit aux commandans ou commissaires des guerres employés, soit aux régimens mêmes, relativement au service des recruteurs et à leur comptabilité, ainsi que relativement aux recrues, à leur envoi, à leur conduite au régiment, à leur admission ou à leur rejection.

TITRE QUATRIEME.

Des rengagemens.

ARTICLE PREMIER.

Tout sous-officier ou soldat, tant

dans l'infanterie que dans les troupes à cheval ou l'artillerie, qui sera reconnu en état de continuer ses services, et qui aura servi de manière à faire désirer de le conserver, sera admis à se rengager de nouveau pour deux ou quatre ans au plus, c'est à-dire, pour un quart ou un demi rengagement de huit ans, le tout à son choix ; & il pourra le faire lorsqu'il ne lui restera plus que deux ans de service de son engagement ou rengagement courant ; il pourra le faire aussi pour quatre ans ou pour huit ans, mais dans le moment seulement où il seroit dans le cas d'obtenir son congé absolu.

La demande en sera faite en son nom au conseil d'administration du régiment, qui prononcera en conséquence sur l'acceptation ou sur le refus.

II. Les prix des rengagemens seront payables de deux manières, au choix de [illegible] l'homme rengagé, ou en [illegible] ou en haute-paye pendant toute la durée du rengagement ; ils seront les mêmes pour tous les grades ; il sera en conséquence stipulé sur le certificat de rengagement, si la valeur en a été convenue, payable en argent ou en haute-paie

III. Les prix des rengagemens en argent, ainsi que les hautes-paies qui en seront représentatives, augmenteront progressivement du premier au second, et du second au troisième rengagement, c'est-à-dire, de huit ans en huit ans. Le troisième rengagement, qui n'aura lieu qu'après vingt-quatre ans de service révolu, ne sera plus qu'annuel.

IV. Les rengagemens, tant en argent comptant qu'en hautes-paies représentatives, seront fixés pour toutes les armes, ainsi qu'il suit ; savoir :

Argent comptant.

Infanterie françoise, étrangère, et légère.

Premier rengagement de huit ans,

cent francs, sur le pied de douze livres dix sous par an.

Deuxième rengagement de huit ans, cent trente livres, sur le pied de seize livres dix sous par an.

Troisième rengagement annuel, vingt livres par an.

Artillerie, mineurs, ouvriers; cavalerie, carabiniers.

Premier rengagement de huit ans, cent vingt livres, faisant par an quinze livres.

Deuxième rengagement, cent cinquante livres, faisant par an, dix-huit livres quinze sous.

Troisième rengagement annuel, vingt-quatre livres par an.

Dragons, chasseurs, hussards.

Premier rengagement de huit ans, cent dix livres, faisant par an, treize livres quinze sous.

Deuxième rengagement de huit ans, cent quarante livres, faisant par an, dix-ſept livres dix sous.

Troisième rengagement annuel, vingt-une livres par an.

HAUTES-PAIES.

Infanterie françoise, étrangère, et légère.

Premier rengagement, neuf deniers par jour, faisant par an, treize livres treize sous neuf deniers.

Deuxième rengagement, un ſou par jour, faisant par an, dix-huit livres cinq sous.

Troisième rengagement, un sou ſix deniers par jour, faisant par an, vingt-ſept livres ſept sous ſix deniers.

Artillerie, mineurs, ouvriers, cavalerie, carabiniers.

Premier rengagement, onze deniers par jour, faiſant par an, ſeize livres quatorze ſous ſept deniers.

Deuxième rengagement, un ſou

deux deniers par jour, faisant vingt-une livres cinq sous dix deniers par an.

Troisième rengagement, un sou huit deniers par jour, faisant par an, trente livres huit sous quatre deniers.

Dragons, chasseurs, hussards.

Premier rengagement, dix deniers par jour, faisant quinze livres quatre sous deux deniers par an.

Deuxième rengagement, un sou un denier par jour, faisant dix neuf livres quinze sous cinq deniers par an.

Troisième rengagement, un sou sept deniers par jour, faisant vingt-huit livres dix-sept sous onze deniers par an.

V Le montant de ces hautes-paies de rengagement, sera cumulé avec la solde de l'homme, pour établir le calcul des grâces dont il pourroît être susceptible pour sa retraite, lorsqu'il les aura préférées aux rengagemens payés comptant. Ceux qui en auroient touché la valeur de cette dernière manière, ne seront point admis à réclamer la cumulation des hautes-paies, dont ils auroient pu se trouver susceptibles par leurs rengagemens.

VI. Aucun grade obtenu ne rengagera plus désormais dans aucune arme; ceux néanmoins qui se trouveroient dans ce cas, en exécution de l'ordonnance du 20 juin 1788, concernant le recrutement, resteront assujettis aux rengagemens contractés en conséquence, comme ayant reçu en indemnité le prix stipulé pour ce rengagement, par cette ordonnance.

VII. Dans toutes les armes, excepté dans les régimens Suisses, qui conserveront à cet effet les usages de leurs capitulations, les adjudans, les sergens-majors et *sergens*, dans l'infanterie françoise, étrangère et légère, ainsi que dans l'artillerie, les mineurs et les ouvriers, les maréchaux-des-logis en chef, *et les maréchaux-des-logis ordinaires*, dans toutes les troupes à cheval, ne seront plus engagés, à compter du jour où ils parviendront à ce grade, et ils seront libres d'abandonner ces emplois, de la même manière que les officiers, moyennant leur démission, mais en prévenant néanmoins trois mois à l'avance.

En cessant ainsi d'être engagés, ils ne seront pas tenus de rendre la somme qu'ils auroient pu recevoir pour le rengagement anticipé qu'ils auroient pu contracter; mais ils cesseront, à compter de ce jour, de jouir de la haute-paie qu'ils auroient pu obtenir à ce titre.

Les présentes dispositions auront leur effet, à compter du jour de la publication du présent décret, en faveur de tous ceux revêtus à présent de ces grades.

VIII. Tout soldat qui se rangagera, soit dans le même régiment, soit dans un autre, conservera les droits résultans de l'ancienneté de ses premiers services, pour l'acquisition des droits de citoyen actif, pour la décoration militaire, et pour la retraite : dans l'un et l'autre cas, l'intervalle du temps entre le congé et le rengagement, ne sera pas compté pour obtenir ces récompenses.

IX. Quoiqu'un soldat, ayant déjà servi dans un régiment, puisse être dans le cas de jouir dans un autre des droits conservés par l'article précédent, il ne prendra néanmoins rang dans la compagnie où il entrera, que du jour de son arrivée, et ne pourra parvenir aux hautes-paies qu'à son rang d'ancienneté dans cette compagnie ; et au rengagement annuel, que par une suite des services nécessaires à cet effet, et non interrompus dans le même régiment.

Tout soldat sorti d'un régiment et qui s'y rengagera avant l'expiration de trois mois, y reprendra son rang d'ancienneté, et même son grade, vacance arrivant d'un de ces emplois : passé cette époque, il ne sera plus admis à cette faveur.

TITRE CINQUIEME.

Des congés d'ancienneté, de réformes et des dégagemens.

ARTICLE PREMIER.

En temps de paix, les congés absolus seront toujours expédiés au jour même de leur expiration.

II. En temps de guerre, les congés absolus qui viendront à écheoir pendant la campagne, seront retardés jusqu'au moment de la rentrée des troupes dans leur quartier d'hiver. Ils seront alors expédiés aussi-tôt; et il sera tenu compte aux hommes dans ce cas, et par un décompte particulier fait à cette époque, de la portion de temps pendant laquelle leurs congés auroient été suspendus, en les indemnisant, d'après le tarif fixé ci-dessus, en raison de la classe du rengagement qu'ils auroient été dans le cas de contracter.

III. Si les hommes, dans ce cas,

préféroient la haute-paie représentative du rengagement, ils seront libres de le déclarer au moment où leur congé absolu devroit leur être expédié ; alors ils en jouiront en raison de la classe de leur rengagement, conformément au tarif, à compter de ce jour, jusqu'à celui auquel leur congé absolu leur sera réellement expédié.

IV. Les congés absolus d'ancienneté seront délivrés, ainsi qu'il a été dit ci-dessus, soit que l'homme soit présent au corps, soit qu'il en soit absent par congé : dans ce dernier cas, on ne le forcera pas de rejoindre pour venir chercher sa cartouche ; mais alors il ne pourra pas réclamer les parties de sa solde et masse d'entretien de son absence, dont il n'auroit dû être payé que sur le rappel qui en auroit été fait à son retour, lequel rappel en conséquence n'aura pas lieu pour lui.

V. Il sera fait à tout homme congédié par ancienneté, le décompte de tout ce qui devra lui revenir pour sa solde, les hautes-paies de son grade, ses six deniers de poche, et sa masse d'entretien jusqu'au jour de son congé, s'il est présent au corps, ou jusqu'au jour seulement auquel il se sera absenté, s'il est en congé; dans l'un et l'autre cas, ce décompte sera toujours détaillé sur sa cartouche.

VI. Le décompte de sa haute-paie de rengagement, s'il y a lieu, lui sera toujours fait jusqu'au jour de son congé absolu, soit qu'il soit absent ou présent; il en sera pareillement fait mention sur sa cartouche.

VII. Tout homme congédié par ancienneté, emportera avec lui l'habit, la veste, le chapeau et la culotte de son habillement courant, sans qu'ils puissent être échangés contre d'autres d'une moindre valeur. Il sera tenu de laisser son sabre, sa buffleterie et son armement, ou de renvoyer à ses frais, celles de ces parties d'armement et d'équipement qu'il pourroit avoir emportées avec lui en congé, avant de faire réclamer sa cartouche, qui ne lui sera expédiée qu'après ce renvoi.

VIII. Tout homme dans le cas d'être congédié par ancienneté, et qui se trouvera redevoir à la caisse du régiment, ne pourra obtenir son congé qu'après s'être acquitté envers elle; en conséquence, il sera tenu de continuer ses services jusqu'à ce que, par ses économies ou retenues consenties par lui, il se soit totalement libéré.

IX. Tout homme de recrue arrivé à un régiment, lorsqu'il ne sera pas admissible, soit par défaut de taille, soit pour raison de quelques infirmités, ne pourra être renvoyé que sur l'avis du conseil d'administration assemblé à cet effet. La subsistance lui sera fournie pendant quatre jours francs, non compris celui de son arrivée, pour lui donner le temps de se reposer; il lui sera remis pour sa route trois sous par lieue, depuis sa garnison jusqu'à l'endroit où il aura été engagé.

X. Il sera statué par les réglemens sur les différens cas dans lesquels ces faux frais devront être au compte du recruteur, et la manière de les porter en dépense sur la masse destinée au recrutement, lorsqu'ils ne devront pas être supportés par lui.

XI. Aussi-tôt qu'un homme aura été admis dans un régiment, il ne pourra plus être réformé que par l'officier général chargé de son inspection ; et excepté dans des cas de licenciement, il ne pourra plus être réformé faute de taille, aussi-tôt qu'il y aura fait la guerre. Les hommes dans le cas de la réforme, seront présentés à l'officier général, afin qu'il puisse la prononcer, s'il y a lieu ; ils ne pourront en conséquence être réformés que présens au régiment, à moins d'un cas d'impossibilité dûment constaté.

XII. Il sera expédié à chaque homme, dans ce cas, un congé de réforme, qui en détaillera les causes et les motifs.

XIII. Tout homme, à son troisième rengagement, c'est-à-dire, ayant plus de vingt-quatre ans de service, ne pourra plus être réformé pour raison d'infirmités, de quelques causes qu'elles proviennent; il sera conservé au régiment sans faire d'autres services que ceux dont il pourroit rester susceptible, jusqu'à ce qu'il puisse obtenir les grâces qui seront dans le cas de lui être accordées, d'après les règles prescrites à ce sujet.

XIV. Tout homme qui seroit dans le cas d'être réformé pour une infirmité résultant d'une blessure à la guerre, ou suite de quelque accident occasionné par son service, même en temps de paix, ne pourra l'être, quel que soit son peu d'ancienneté, qu'en assurant son existence; il restera en attendant à son régiment, et ne demeurant assujetti qu'aux services dont il pourroit être encore susceptible.

XV. Il sera libre à tous les soldats de toutes les armes, au temps de paix seulement, de demander à se dégager aux conditions qui seront prescrites ci après; mais leur congé absolue ne pourra leur être expédié qu'au moment de la revue finale d'inspection de chaque année. Tous ceux qui voudront obtenir ainsi leurs congés, seront tenus de se faire inscrire deux mois avant cette époque.

L'état en sera présenté alors à l'officier général, et il sera autorisé à faire délivrer tous les ans des congés de cette espèce jusqu'à la concurrence du trentième du compte dans les régimens d'infanterie, et du quarantième seulement dans ceux de troupes à cheval, en suivant l'ordre d'inscription de ces hommes.

XVI. Il ne sera délivré de congés de grâce qu'aux hommes présens au corps.

Si cependant quelques affaires importantes et pressées, bien constatées par les certificats des corps administratifs, exigeoient que quelque soldat fût congédié de cette manière, sans attendre le moment de la revue, il pourra lui être expédié, en attendant cette époque, un congé limité, aussi-tôt qu'il aura fait la remise de ses effets d'habillement et d'équipement, de la somme qu'il sera tenu de verser à la caisse; mais sa cartouche de congé absolu ne lui sera jamais expédiée que par ordre exprès de l'inspecteur.

XVII. Tout homme qui obtiendra un congé de grâce, sera tenu de laisser au régiment toutes les parties de son habillement, équipement et armement courant; son décompte lui sera fait jusqu'au jour de son départ, comme aux hommes congédiés par ancienneté, sans pouvoir lui être retenu sous aucun prétexte, non plus que les effets à lui appartenans.

XVIII. Tout homme redevable de quelque somme à la caisse du régiment, ne pourra être admis à obtenir son congé de grâce, qu'après s'être acquitté totalement envers elle.

XIX. Tout homme, pour obtenir son congé de grâce, sera tenu de verser préliminairement à la caisse du régiment, le double de la somme stipulée ci-dessus, pour le premier rengagement de huit ans dans son arme. S'il lui reste sept années et plus à achever, cette somme décroîtra d'un huitième tous les ans, en raison du moindre nombre d'années qui lui resteroient à courir, le tout conformément au tableau ci-après pour chaque arme; savoir :

Infanterie françoise, étrangère et légère.

8 ans de service.......	200
7 ans... *idem*........	175
6 ans... *idem*........	150
5 ans... *idem*........	125
4 ans... *idem*........	100
3 ans... *idem*........	75
2 ans... *idem*........	50
1 an ... *idem*........	25

Artillerie, mineurs, ouvriers, cavalerie, carabiniers.

8 ans de service	......	240*
7 ans... *idem*	....	210
6 ans... *idem*	....	180
5 ans... *idem*	....	150
4 ans... *idem*	....	120
3 ans... *idem*	....	90
2 ans... *idem*	....	60
1 an ... *idem*	....	30

Dragons, chasseurs, hussards.

8 ans de service	......	216*
7 ans... *idem*	....	189
6 ans... *idem*	....	162
5 ans... *idem*	....	135
4 ans... *idem*	....	108
3 ans... *idem*	....	81
2 ans... *idem*	....	54
1 an ... *idem*	....	27

XX. Tout homme qui obtiendra son congé de grâce, étant absent, n'aura droit à réclamer son décompte que de la même manière prescrite pour les hommes congédiés par ancienneté, par les articles précédens.

XXI. Les cartouches des congés de grâce seront signées de tous les membres du conseil d'administration et de l'inspecteur ; elles seront visées par le commissaire des guerres : elles exprimeront en toutes lettres la somme qui aura été payée en raison des années de service restant à faire, ainsi que le montant du décompte payé à l'homme congédié, etc. etc.

XXII. En temps de guerre, il ne sera expédié aucun congé de grâce; ce temps sera censé commencer du jour où un régiment auroit reçu l'ordre de se porter au complet de guerre.

XXIII. Il sera statué par les réglemens, sur les autres formalités de détail pour l'expédition des différentes espèces de congés absolus, ainsi que pour la surveillance à ce sujet, à prescrire aux commissaires des guerres chargés des revues et police des troupes.

LOI concernant l'avancement du corps de l'artillerie, du 27 avril 1791.

Avancement du corps de l'artillerie.

TITRE PREMIER.

ARTICLE RREMIER.

Nomination aux places de sous-officiers.

(Décrété pour les autres troupes de ligne.)

L'on comprendra à l'avenir dans le corps de l'artillerie, sous la dénomination de sous-officiers, les sergens-majors, les sergens, les caporaux-fourriers et les caporaux; l'avancement à ces différens grades aura lieu dans les compagnies de canonniers, de mineurs, d'ouvriers, ainsi qu'il suit:

II. *Nomination des caporaux dans les compagnies de canonniers.*

(Décrété pour les autres troupes de ligne.)

Les caporaux, dans les compagnies de canonniers, présenteront chacun à leur capitaine, celui des soldats de leur compagnie qu'ils jugeront le plus capable d'être élevé au grade de caporal.

III. [*Idem.*] Le capitaine choisira un sujet parmi ceux qui lui auront été présentés.

IV. [*Idem.*] Il sera formé une liste de tous les sujets choisis par les capitaines.

V. [*Idem.*] Lorsqu'il vaquera une place de caporal dans une compagnie, le capitaine de cette compagnie choisira trois sujets dans la liste.

V. [*Idem.*] Parmi ces trois sujets, le colonel choisira celui qui devra remplir la place vacante.

VII. [*Idem.*] Lorsque la liste sera

sera réduite au dessous de moitié, elle sera supprimée, et il en sera fait une nouvelle, en suivant les mêmes procédés.

VIII. *Nomination des Caporaux dans les compagnies de Mineurs et d'Ouvriers.*

[Particulier à l'Artillerie.]

Dans les compagnies de mineurs et d'ouvriers, il ne sera point formé de liste pour la nomination aux places de caporal; et lorsqu'il en vaquera une dans une de ces compagnies, les caporaux de ladite compagnie présenteront chacun à leur capitaine, celui des soldats de la compagnie qu'ils jugeront le plus capable d'être élevé au grade de caporal.

IX. [*idem.*] Le capitaine choisira parmi les sujets qui lui seront présentés par les caporaux, celui qui devra remplir la place vacante.

X. *Nomination des Caporaux-fourriers dans les compagnies de Canonniers.*

[Décrété pour les autres Troupes de ligne.]

Lorsqu'il vaquera une place de caporal fourrier dans une compagnie de canonniers, le capitaine de cette compagnie choisira parmi tous les caporaux et tous les soldats du régiment ayant au moins deux ans de service, le sujet qui devra la remplir.

XI. *Nomination des Caporaux-fourriers dans les compagnies de Mineurs et d'Ouvriers.*

[Particulier à l'Artillerie.]

Dans les compagnies de mineurs et d'ouvriers, lorsqu'il vaquera une place de caporal-fourrier, le capitaine de la compagnie où la place sera vacante, choisira parmi tous les caporaux et les soldats de sa compagnie ayant au moins deux ans de service, celui qui devra la remplir.

XII. *Nomination des Sergens dans les compagnies de Canonniers.*

[Décrété pour les autres Troupes de ligne.]

Les sergens-majors et les sergens dans les compagnies de canonniers, présenteront chacun à leur capitaine, celui des caporaux de leur compagnie qu'ils jugeront le plus capable d'être élevé au grade de sergent.

XIII. [*Idem.*] Le capitaine choisira un sujet parmi ceux qui lui auront été présentés.

XIV. [*Idem.*] Il sera formé une liste de tous les sujets choisis par les capitaines.

XV. [*Idem.*] Lorsqu'il vaquera une place de sergent dans une compagnie, le capitaine de cette compagnie choisira trois sujets dans la liste.

XVI. [*Idem.*] Parmi ces trois sujets, le colonel choisira celui qui devra remplir la place vacante.

XVII. [*Idem.*] *Nomination des Sergens dans les compagnies de Mineurs et d'Ouvriers.*

[Particulier à l'Artillerie.]

Dans les compagnies de mineurs et d'ouvriers, il ne sera point formé de liste pour la nomination des sergens; et lorsqu'il vaquera une place de sergent daus une de ces compagnies, les sergens de ladite compagnie présenteront chacun à leur capitaine, celui des caporaux de la compagnie qu'ils jugeront le plus capable d'être élevé au grade de sergent.

XVIII. [*Idem.*] Le capitaine choisira parmi les sujets qui lui seront présentés par les sergens, celui qui devra remplir la place vacante.

XIX. *Nomination de sergens-majors dans les compagnies de canonniers.*

[Décrété pour les autres Troupes de ligne.]

Lorsqu'il vaquera une place de sergent-major dans une compagnie de canonniers, les sergens-majors du régiment présenteront chacun pour la remplir, un sergent de leur compagnie, et il en sera formé une liste.

XX. [*Idem.*] Le capitaine de la compagnie où la place de sergent-major sera vacante, choisira trois sujets sur la liste de ceux qui auront été présentés par les sergens-majors.

XXI. [*Idem.*] Parmi ces trois sujets, le colonel choisira celui qui devra remplir la place vacante.

XXII. *Nomination de sergens-majors dans les compagnies de mineurs et d'ouvriers,*

[Particulier à l'Artillerie.]

Dans les compagnies de mineurs

et d'ouvriers, lorsqu'il vaquera une place de sergent-major, le capitaine de la compagnie où la place sera vacante, choisira, parmi les sergens de sa compagnie, celui qui devra la remplir.

XXIII. *Nomination des adjudans.*

[Décrété pour les autres Troupes de ligne.]

Lorsqu'il vaquera une place d'adjudant, les sept officiers supérieurs réunis nommeront à la pluralité des voix, parmi tous les sergens du régiment, celui qui devra la remplir; et dans le cas où les voix se porteroient sur sept sujets différens, la voix du colonel sera prépondérante.

XXIV. [*Idem.*] Les sergens nommés aux places d'adjudans, concourront, du moment de leur nomination, avec les seconds lieutenans (sans cependant être brévetés), pour arriver à la lieutenance en premier, et ils pourront rester adjudans jusqu'à ce que leur ancienneté les y porte.

XXV. [*Idem.*] Lorsqu'un sergent moins anciens que les adjudans, sera fait second lieutenant, les adjudans jouiront en gratification et par supplément d'appointemens, de ceux de seconds lieutenans.

TITRE DEUXIEME.

Nomination aux places d'officiers.

ARTICLE PREMIER.

[Décrété pour les autres Troupes de ligne.]

Il sera pourvu de deux manières aux emplois de seconds lieutenans, lesquels seront partagés entre les sujets qui auront passés par les grades de canonniers, de mineurs, d'ouvriers et de sous-officiers, et ceux qui arriveront immédiatement au grade d'officier par les examens.

II. [*Idem.*] Sur quatre places de second lieutenans vacantes dans un régiment , une compagnie de mineurs ou d'ouvriers, il en sera donné une aux sous-officiers.

III. [*Idem.*] Les places de seconds lieutenans destinées aux sous-officiers, seront données alternativement à l'ancienneté et au choix.

IV. [*Idem.*] L'ancienneté se prendra dans les régimens sur tous les sergens indistinctement du même régiment, à dater de leur nomination.

[Particulier à l'Artillerie.]

Dans les compagnies de mineurs et d'ouvriers, sur tous les sergens indistinctement de chacune desdites compagnies, également à dater de leur nomination.

[Décrété pour les autres Troupes de ligne.]

V. Le choix aura lieu dans les régimens sur tous les sergens du même régiment, et il sera fait par tous les officiers ayant vingt-cinq ans d'âge, et par les officiers supérieurs, à la majorité absolue des suffrages.

[Particulier à l'Artillerie.]

Dans les compagnies de mineurs, en temps de paix, parmi tous les sergens desdites compagnies; et en temps de guerre, parmi tous les sergens de chacune des compagnies; il sera fait par tous les officiers de ces compagnies ayant vingt-cinq ans d'âge, et par le commandant d'artillerie, à la majorité absolue des suffrages.

Dans les compagnies d'ouvriers, parmi les sergens de la compagnie où l'emploi sera vacant, et il sera fait par les officiers de ladite compagnie ayant vingt-cinq ans d'âge, et par le directeur de l'arsenal ou le directeur du parc, à la majorité absolue des suffrages.

VI. [*Idem.*] Quant aux autres places de seconds lieutenans, elles seront données à ceux qui auront été reçus élèves.

VII. *Nomination aux places d'élèves.* [Idem.]

Nul ne pourra être reçu élève du corps de l'artillerie, qu'il n'ait subi les examens qui seront prescrits pour l'admission au service, et ceux qui sont particulier à l'école d'artillerie.

VIII. *Rang des élèves.* [Idem.]

Les élèves du corps d'artillerie auront rang de sous-lieutenans.

IX. [*Idem.*] Les élèves du corps de l'artillerie, après avoir satisfait aux examens particuliers à ce corps (lesquels seront conservés ou modifiés s'il y a lieu), parviendront aux emplois de seconds lieutenans, suivant le rang qu'ils auront obtenu par ces examens.

X. *Nomination aux emplois de premiers lieutenans.*

[Décrété pour les autres Troupes de ligne.]

Les seconds lieutenans parviendront à leur tour d'ancienneté, dans le régiment, dans la compagnie de mineurs ou d'ouvriers dont ils font partie, aux emplois de premiers lieutenans.

XI. *Nomination aux emplois de capitaines.*

[Particulier à l'Artillerie.]

Les premiers lieutenans, sans aucune exception, parviendront, en temps de paix, à leur tour d'ancienneté, sur tous les corps, aux emplois de capitaines.

A la guerre, les officiers rouleront jusqu'au grade de capitaine-commandant inclusivement, dans le régiment ou bataillon, dans la compagnie des mineurs ou d'ouvriers à laquelle ils sont attachés.

XII. *Nomination aux places de quartier-maitres.*

[Décrété pour les autres Troupes de ligne.]

Les quartier-maîtres seront choisis par les conseils d'administration, à la pluralité des suffrages.

XIII. [*Idem.*] Les quartier-maîtres, pris parmi les sous officiers, auront le rang de seconds lieutenans ; ils conserveront leur rang, s'ils sont pris parmi les officiers.

XIV. [*Idem.*] Les quartier-maîtres suivront leur avancement dans les différens grades pour le grade seulement, ne pouvant jamais être titulaires ni avoir de commandement, mais jouissant en gratification, et par supplément d'appointemens, de ceux attribués aux différens grades où les portera leur ancienneté.

XV. *Nomination aux emplois de lieutenans-colonels.* [Idem.]

On parviendra du grade de capitaine à celui de lieutenant-colonel, par ancienneté et par le choix du roi, ainsi qu'il va être expliqué.

XVI. [*Idem.*] L'avancement au grade de lieutenant-colonel, soit par ancienneté, soit par le choix du roi, sera, pendant la paix, sur tout le corps; à la guerre, le tour d'ancienneté sera sur le régiment ou bataillon, et sur les compagnies de mineurs ou d'ouvriers employés.

XVII. [*Idem.*] Sur trois places de lieutenans-colonels vacantes, deux seront données aux plus anciens capitaines, et la troisième, par le choix du roi, à un capitaine en activité dans ce grade depuis deux ans au moins.

XVIII. *Nomination aux emplois de colonels.* [Idem.]

On parviendra du grade de lieutenant-colonel à celui de colonel par ancienneté et par le choix du roi, ainsi qu'il va être expliqué.

XIX. [*Idem.*] L'avancement au grade de colonel, soit par ancienneté, soit par le choix du roi, sera, pendant la paix, sur tout le corps ; à la guerre, le tour d'ancienneté sera sur le régiment et sur les officiers employés au parc.

XX. [*Idem.*] Sur trois places de colonel vacantes, deux seront données aux plus anciens lieutenans-colonels, et la troisième par le choix du roi, sera donnée à un lieutenant-colonel en activité dans ce grade depuis deux ans au moins.

XXI. *Nomination aux places de commandans d'artillerie.*

[Particulier à l'Artillerie.]

Les colonels parviendront aux places de commandans d'artillerie par ancienneté.

XXII. *Nombre d'officiers généraux attachés au corps de l'artillerie.* [Idem.]

Le corps de l'artillerie roulera sur lui-même pour les grades d'officiers généraux : en conséquence, il y sera attaché, sous le titre d'inspecteurs-généraux, quatre lieutenans-généraux et cinq maréchaux-de-camp, faisant nombre parmi les officiers de ces deux grades conservés en activité dans l'armée.

XXIII. *Nomination au grade de maréchal-de-camp.*

[Décrété pour les autres Troupes de ligne.]

On parviendra du grade de colonel à celui de maréchal-de-camp, par ancienneté et par le choix du roi.

[*Idem.*] Sur deux places de maréchal de-camp vacantes, une sera donnée au plus ancien colonel, et l'autre, par le choix du roi, sera donnée à un colonel en activité dans ce grade depuis deux ans au moins.

XXIV. [*Idem.*] *Si* un colonel, que son tour d'ancienneté porteroit à la place d'inspecteur-général, préféroit se retirer avec le grade de maréchal-de-camp, à être employé comme inspecteur-général, il en auroit la liberté, et recevroit la retraite fixée pour les colonels, sans avoir égard au grade de maréchal-de-camp.

[Décrété pour les autres Troupes de ligne.]

XXV. Le colonel qui préféreroit se retirer avec le grade de maréchal-de-camp, sans y être employé, ne pourroit néanmoins faire perdre le tour d'ancienneté à celui qui le suivroit, et qui, dans ce cas, seroit nommé à la place vacante.

XXVI. *Nomination au grade de lieutenant-général.* [Idem.]

On parviendra du grade de maréchal-de-camp à celui de lieutenant-général, par ancienneté et par le choix du roi.

Sur deux places de lieutenant-général vacantes, une sera donnée au plus ancien maréchal-de-camp, l'autre à un maréchal-de-camp en activité dans ce grade depuis deux ans au moins.

[Décrété pour les autres Troupes de ligne.]

XXII. Si un maréchal-de-camp, que son tour d'ancienneté porteroit au grade de lieutenant-général, préféroit se retirer avec ce grade, à y être employé en activité, il en auroit la liberté, et recevroit la retraite fixée pour les maréchaux-de-camp, sans égard à son grade de lieutenant-général.

XXVIII. [*Idem.*] Le maréchal-de-camp qui préféreroit se retirer avec le grade, de lieutenant-général sans y être employé, ne pourroit néanmoins faire perdre le tour d'ancienneté à celui qui le suivroit, et qui dans ce cas seroit nommé à la place vacante.

XXIX. Dorénavant il n'y aura pour les élèves des corps de l'artillerie et du génie, qu'un même cours d'instruction, un même examen, et les mêmes examinateurs. Les élèves qui seront admis, choisiront, suivant leur rang de promotion, celui des deux corps dans lequel ils voudront servir.

En conséquence, les trois années d'études préliminaires à l'admission dans le corps de l'artillerie, compteront aux élèves de ce corps pour obtenir la décoration militaire et la pension de retraite.

TITRE TROISIEME.

Du remplacement des officiers réformés.

ARTICLE PREMIER.

Les lieutenans en troisième, réformés par le décret d'organisation de l'artillerie, rempliront les places de second lieutenant vacantes par la nouvelle organisation.

Ceux de ces officiers qui excederont le nombre des places à remplir, seront employés comme lieutenans surnuméraires jusqu'à leur remplacement, et ils jouiront dès ce moment des appointemens de lieutenans en second.

II. Ceux des lieutenans en troisième qui n'auront pas été remplacés, leseront aux emplois de lieutenans qui viendront à vaquer, alternativement avec les élèves, les lieutenans en troisième ayant le premier tour.

III. Lorsqu'un lieutenant en troisième sera promu au grade de second lieutenant, il prendra rang parmi les officiers de ce grade, en datant de son premier brevet d'officier; et d'après cette disposition, il suivra son avancement au grade de premier lieutenant, dans lequel il prendra rang de la date de ce nouveau brevet.

IV. Les lieutenans en troisième qui peuvent ou pourront par la suite justifier, par l'examen d'usage, qu'ils possédent les connoissances théoriques exigées pour l'admission de l'artillerie, prendront rang, même parmi les premiers lieutenans, suivant la date de leur premier brevet d'officier.

V. Ceux qui sont ou seront dans le cas du précédent article, obtiendront des letres d'examen pour jouir de cet avantage, dès le moment de la présente organisation, ou aux époques des examens réglés pour les élèves de l'artillerie.

VI. Les officiers de tous grades du corps de l'artillerie, ayant plus de vingt ans de service, qui à l'instant de la nouvelle organisation voudront ne pas continuer leurs services, seront libres de se retirer, et obtiendront, pour ce moment seulement, les deux tiers de leurs appointemens pour retraite, à moins que leurs services, d'après les règles fixées par le décret du 3 août dernier, ne leur donnent droit à un traitement plus considérable. Ceux de ces officiers ayant au moins quinze ans de service et au-dessous de vingt-quatre, qui voudront également ne pas continuer leurs services, conserveront néanmoins leur activité pour la décoration militaire.

VII. Le premier choix des neuf inspecteurs-généraux de l'artillerie sera fait par le roi, parmi tous les officiers généraux de ce corps. Ceux desdits officiers-généraux qui ne seront pas choisis pour remplir les places d'inspecteurs-généraux, recevront des pensions suivant le décret du 3 août dernier; néanmoins ils seront susceptibles de rentrer en activité comme inspecteurs-généraux, dans le nombre de ces places laissé au choix du roi.

Loi relative à la répartition par département, des 100,000 soldats auxiliaires, et au paiement de leur solde, du 16 avril 1791.

L'assemblée nationale, sur le rapport de son comité militaire décrète les articles suivans.

ARTICLE PREMIER.

Les cent mille soldats auxiliaires que, par son décret du 28 janvier dernier, l'assemblée nationale a destinés pour être répartis, lorsque les circonstances l'exigeront, dans les régimens qu'il sera nécessaire de porter au grand pied de guerre, seront levés et entretenus de la manière la plus avantageuse pour la défense et la tranquillité du royaume; de sorte que dans chaque département il en soit enrôlé un nombre proportionné à sa population, et à la position plus ou moins rapprochée des côtes ou frontieres.

II. En conséquence des dispositions de l'article ci-dessus, le ministre de la guerre adressera dans le plus court délai à l'assemblée nationale, un projet de repartition, par département, des 100,000 soldats auxiliaires.

III. Ledit état de répartition ayant été arrêté définitivement, et décrété par l'assemblée nationale, sera ensuite adressé par le ministre de la guerre aux directoires de département, qui, conformément recevront chacun dans leur département respectifs, un nombre de soumissions pour contracter un engagement égal à celui des auxiliaires qui leur aura été affecté.

IV. Le roi sera prié, conformément à l'article IV du décret du 28 janvier, les reglemens nécessaires sur la forme des engagemens que devront contracter pour trois ans les hommes qui voudront servir comme soldats auxiliaires, sur la réception desdits auxiliaires, sur les conditions nécessaires pour obtenir l'admission, et sur les contrôles qui devront être dressés pour s'assurer de leur existence, les contrôles contiendront l'état de paiement à faire aux auxiliaires admis; et les ordonnances de paiement seront délivrées en conséquence de ces états duement visés et certifiés.

V. Les soldats auxiliaires recevront, tous les trois mois, leur solde fixée par l'article V du décret du 28 janvier, à trois sous par jour. Ils en seront payés sans retenue dans le chef-lieu du district de leur domicile, et conformément aux réglemens qui seront faits par le roi.

VI. Lorsque les soldats auxiliaires seront incorporés dans les régimens, ils recevront la même paie et le même traitement affecté par les décrets aux troupes de ligne, et cette solde commencera pour eux à dater du jour de leur

leur départ pour les régimens qui leur auront été désignés.

VII. Le ministre de la guerre désignera dans chaque département un commissaire des guerres qui sera spécialement chargé de veiller à l'exécution des dispositions prescrites par la présente loi.

LOI relative aux officiers, sous-officiers et soldats de toutes les armes en garnison ou en quartier, du 1er mai 1791.

L'assemblée nationale décrète que les officiers, sous-officiers et soldats de toutes les armes sont libres, hors le tems de leur service militaire, des appels, des exercices et avant la retraite, d'assister sans armes et comme les autres citoyens, aux séances des sociétés qui s'assemblent paisiblement dans les villes où ils sont en garnison ou en quartier.

Décrète en outre que, conformément à l'article VIII du décret du 6 août 1790, aux articles XV et XVI du décret du 15 septembre et autres décrets rendus depuis cette époque, qui fixent la forme des réclamations qui doivent être adressées au corps législatif et au pouvoir exécutif, par les individus des troupes de ligne, il est interdit auxdites sociétés et aux membres qui les composent, de s'initier dans les affaires qui intéressent la police intérieure des corps, la discipline militaire et l'ordre du service.

LOI relative à la répartition des cent mille soldats auxiliaires, du 4 juin 1791.

L'assemblée nationale, après avoir entendu le rapport de son comité militaire sur les propositions faites par le ministre de la guerre pour la répartition des cent mille soldats auxiliaires dans les départemens du royaume, a approuvé qu'il en soit réservé vingt-cinq mille pour le service de la marine, et a adopté le projet de répartition contenu dans le tableau ci-annexé pour les soixante-quinze mille soldats auxiliaires destinés au service de l'armée de terre; en conséquence elle décrète ce qui suit :

ARTICLE PREMIER.

Dans chacun des quatre-vingt-trois départemens, un préposé par le roi sera chargé de vérifier l'âge, la taille et l'aptitude au service des soldats auxiliaires du département; d'en tenir le contrôle, de veiller au remplacement, et de rendre compte au ministre de la guerre de toutes les opérations relatives à cet objet.

II. Dans chaque district, un officier ou sous officier de gendarmerie nationale sera chargé de tenir les contrôles particuliers des auxiliaires du district; il entretiendra une correspondance suivie à cet égard avec le préposé par le roi, pour surveiller dans le département tous les détails relatifs aux auxiliaires.

III. Le ministre de la guerre adressera au directoire de chaque département un état relevé sur le tableau général des auxiliaires, et qui indiquera pour combien d'hommes ce département a été compris dans la répartition générale ; le directoire de département en fera ensuite la répartition particulière par district, en adressera l'état aux directoires de district, et en remettra le double au préposé par le roi, et veillera à ce que les directoires de district fassent aussi-tôt publier dans les municipalités de leur arrondissement la loi relative aux auxiliaires.

IV. Les hommes qui voudront entrer dans les auxiliaires remettront leurs soumissions à la municipalité du chef-lieu du canton, qui les adressera au directoire de district, et celui-ci les fera remettre à l'officier de gendarmerie nationale, pour en former un état général par district.

V. Lorsque le nombre des soumissions pour entrer dans les auxiliaires s'élevera à plus de moitié du nombre déterminé pour chaque district; l'officier ou sous-officier de gendarmerie nationale, chargé de ce détail dans chaque district, en préviendra le préposé par le roi, qui sera tenu de se rendre au chef-lieu du district pour faire la revue de réception.

VI. Tous les hommes qui auront présenté des soumissions, seront prévenus à l'avance de se rendre au jour fixé dans le chef-lieu du district, pour y passer la revue de réception.

VII. Cette revue sera faite par le préposé du roi, en présence d'un membre du directoire du district et de l'officier ou sous-officier de gendarmerie nationale, qui en signeront avec lui le procès-verbal.

VIII. Il ne sera reçu dans les auxiliaires que des personnes domiciliées ayant au moins dix-huit ans, et pas plus de quarante ans d'âge, et réunissant d'ailleurs toutes les qualités requises par les réglemens pour entrer dans l'infanterie. On admettra de préférence ceux qui auront servi dans les troupes de ligne, et qui produiront des certificats de bonne conduite.

Le procès verbal constatera les noms, lieux de naissance et du domicile, âge, taille, signalement et observations sur les sujets qui seront admis. Il fera également mention de ceux qui auront été refusés.

IX. Les hommes admis contracteront, dans les formes prescrites par la loi sur le recrutement, un engagement de trois ans, sous la condition de joindre, aussi-tôt qu'ils en seront requis par les corps administratifs, les régimens qui leur auront été désignés, pour y servir sous les mêmes loix et ordonnances, et avec le même traitement que les autres soldats. Leur solde d'auxiliaire courra du jour de leur engagement signé.

X. Le procès-verbal d'admission clos et arrêté, il sera ouvert par l'officier ou sous-officier de gendarmerie nationale, un contrôle par district dans la forme qui sera donnée, où tous les auxiliaires seront inscrits nominativement et par canton ; il en sera tenu un contrôle général par le préposé du roi, auquel l'officier ou sous-officier de gendarmerie nationale adressera tous les mois les mutations qui pourroient survenir.

XI. L'existence desdits hommes, les mutations et décès seront constatés tous les six mois pour les revues qu'ils passeront dans le chef-lieu du district au jour fixé ; ces revues seront faites par le préposé du roi, en présence de l'officier ou sous-officier de gendarmerie nationale, et d'un membre du directoire du district, qui signeront l'état de cette revue.

XII. Il sera remis un double de cet état de revue aussi signé, au receveur du district, d'après lequel il payera les auxiliaires immédiatement après la revue, c'est-à-dire de six mois en six mois, et dans le chef-lieu du district.

XIII. Le préposé par le roi dressera, d'après les revues particulieres faites dans les districts, un état de revue général par département, qui servira à la décharge du trésorier des troupes, auquel les receveurs du district verseront pour comptant les revues particulières de district, acquittées de six mois en six mois, ainsi qu'il vient d'être dit.

XIV. Le préposé par le roi sera tenu, lors des revues, tous les six mois, d'examiner les remplacemens qui seront proposés dans les auxiliaires de chaque district, de vérifier la tenue des contrôles et l'exactitude des paiemens. Il sera personnellement responsable au ministre de la guerre, des abus qu'il auroit tolérés.

XV. Dans l'intervalle des revues, les auxiliaires pourront s'absenter de leur district, mais seulement avec un congé signé de l'officier de gendarmerie nationale, qui ne pourra l'expédier que sur la demande et l'attestation de la municipalité, et à la charge d'être présent à la première revue.

XVI. Tout auxiliaire qui ne se sera pas présenté à la revue, et qui ne pourra justifier auprès du préposé par le roi et d'un membre du directoire du département, par un certificat authentique, de l'impossibilité où il auroit été de s'y trouver et de la validité des causes de son absence, sera rayé du contrôle, privé de sa solde et des droits que lui donnent les décrets des 4 février et 16 avril derniers.

XVII. Les revues seront faites assez promptement pour ne jamais exiger de la part des auxiliaires un séjour de plus de vingt-quatre heures dans le chef-lieu du district, à l'exception cependant de la revue de réception pour laquelle il sera pris le tems nécessaire pour s'assurer que les hommes réunissent les qualités réquises.

Tableau de répartition des auxiliaires par département, décrété par l'assemblée nationale.

Du Nord,	2400.
De l'Aisne,	600.
Des Ardennes,	1800.
De la Meuse,	2400.
De la Marne,	1800.
De la Moselle,	3600.
De la Meurte,	3600.
Des Vosges,	3600.
Du Bas-Rhin,	1600.
Du Haut-Rhin,	1200.
De la Haute-Saône,	1800.
Du Doubs,	2400.
Du Jura,	1800.
De l'Ain,	1800.
De l'Isère,	800.
Des Hautes-Alpes,	400.
Des Basses-Alpes,	500.
De la Drôme,	600.
Du Var,	900.
Des Bouches-du-Rhône,	1200.
Du Gard,	400
De l'Hérault,	400.

De la Lozère,	350.
De l'Ardêche,	350.
Du Tarn,	250.
De l'Aveiron,	450.
Des Pyrénées orientales,	300.
De l'Arriège,	150.
De l'Aude,	400.
Dela Haute-Garonne,	400.
Des Hautes-Pyrénées,	250.
Du Gers,	300.
Des Basses-Pyrénées,	300.
Des Landes,	200.
De la Gironde,	1400.
De la Charente inférieure,	700.
De la Vendée,	600.
De la Loire inférieure,	900.
Des Deux-Sèvres,	300.
Du Morbihan,	450.
Du Finistère,	450.
Des Côtes du Nord,	450.
De l'Isle et Vilaine,	450.
De la Manche,	700.
Du Calvados,	1200.
De l'Eure,	600.
De l'Orne,	600.
De la Seine inférieure,	1400.
De la Somme,	1000.

Du Pas-de-Calais,	1600.
De l'Oise,	900.
De Seine et Marne,	500.
De Paris,	1800.
Du Loiret,	700.
D'Eure et Loire,	600.
De la Seine et Oise,	1800.
De l'Aube,	1200.
De la Haute-Marne,	600.
De la Côte d'Or,	1400.
De la Saône et Loire,	1400.
De la Nièvre,	900.
De l'Yonne,	700.
Du Rhône et Loire,	1200.
Du Cantal,	200.
Du Puy-de-Dôme,	400.
De la Haute-Loire,	150.
De la Corrèze,	200.
Du Lot,	300.
Du Lot et Garonne,	450.
De la Dordogne,	440.
De la Charente,	600.
Du Cher,	350.
De la Creuse,	350.
De la Haute-Vienne,	300.
De la Vienne,	300.
De l'Indre,	300.

De l'Allier,	350 ll
De la Sarthe,	900.
Du Loir et du Cher,	600.
De l'Indre et Loire,	700.
De la Mayenne et Loire,	800.
De la Mayenne,	700.
De la Corse,	900.
	75000.

CODE DE L'ARMÉE DE MER.

LETTRES PATENTES DU ROI, sur un décret de l'assemblée nationale, qui excepte les prévôts de la marine, des dispositions des lettres patentes du 7 mars dernier, concernant les jurisdictions prévôtales, du 20 avril 1790.

LES dispositions de nos lettres patentes du 7 mars dernier, concernant les jurisdictions prévôtales, ne s'étendent point aux prévôts de la marine, dont la jurisdiction et les fonctions sont conservées jusqu'à ce qu'il en ait été ordonné autrement.

PROCLAMATION DU ROI, sur un décret de l'assemblée nationale, concernant les réclamations à faire par les troupes de la marine et gens de mer, et autres objets de police et de discipline, tant sur les vaisseaux que dans les ports et arsenaux, du 15 août 1790.

L'assemblée nationale, ouï son comité de marine, et voulant prévenir les justes réclamations que pourroient avoir à faire les canonniers-matelots, soldats et gens de mer, relativement aux comptes de solde et désarmemens, petite-masse et parts de prise, a décrété :

ARTICLE PREMIER.

Que le roi seroit prié de commettre deux inspecteurs dans chaque département, pour procéder à la révision et apurement desdits comptes, dans la forme qui sera ci-après déterminée; ladite révision devant avoir lieu, à compter du 1er. janvier 1778.

II. Les comptes relatifs aux désarmemens et parts de prises, faisant partie de l'administration civile des ports, seront examinés par un inspecteur choisi par les officiers militaires, en présence d'un capitaine de vaisseau, d'un lieutenant et d'un sous-lieutenant, de deux officiers-mariniers, et de deux matelots sachant lire et écrire.

III. Les officiers-mariniers et matelots qui seront appelés à l'examen, seront choisis parmi ceux qui auront fait partie des équipages des escadres ou vaisseaux intéressés à chaque compte, autant qu'il s'en trouvera sur les lieux; et à défaut, ils seront choisis parmi les plus anciens actuellement de service dans les ports.

IV. Les comptes relatifs aux soldes, masse et retenue des canonniers-matelots du corps royal de la marine, faisant partie de l'administration militaire, seront examinés par un inspecteur choisi parmi les administrateurs civils des ports, en présence d'un officier-major, d'un chef de compagnie, d'un sous-lieutenant de division, du premier et du dernier maître canonnier, du premier et du dernier aide-canonnier, et des deux derniers canonniers de chaque division, et le résultat desdits comptes sera rendu public par la voie de l'impression.

V. Excepté les conseils d'administration établis daus les divisions du corps royal de la marine, tous autres comités, associations et délibérations d'individus tenant au service de la marine, cesseront sous quelque forme et dénomination que ce puisse être, après la publication du présent décret.

VI. Les officiers doivent traiter les canonniers et gens de mer avec justice, et avoir pour eux les égards qui leur sont expressément recommandés par les ordonnances, à peine de punition. Les canonniers et matelots, de leur côté, doivent respect et obéissance absolue, dans les choses concernant le service, aux officiers et officiers mariniers; et ceux qui s'en écarteront seront punis selon la rigueur des ordonnances.

VII. Il ne pourra désormais être expédié de cartouche jaune et infamante à aucun soldat, qu'après une procédure instruite, et en vertu d'un jugement prononcé selon les formes usitées dans l'armée pour l'instruction des procédures criminelles et la punition des crimes militaires.

VIII. Les cartouches jaunes expédiées depuis le premier mai 1789, sans l'observation de ces formes rigoureuses, n'emportent aucune note ni flétrissure au préjudice de ceux qui ont été congédiés avec de semblables cartouches.

IX. A compter de la publication du présent décret, il sera informé de toute nouvelle sédition, de tout mouvement concerté entre les canonniers-matelots du corps royal de la marine, les gens composant les équipages des vaisseaux en armement, les ouvriers et employés au service des arsenaux, contre l'ordre et au préjudice de la discipline militaire. Le procès sera fait et parfait aux instigateurs, fauteurs et participes de ces séditions et mouvemens; et par le jugement à intervenir, ils seront déclarés déchus pour jamais du titre de citoyens actifs, traitres à la patrie, infâmes, indignes de porter les armes, chassés de leurs corps et des arsenaux. Ils pourront même être condamnés à des peines afflictives, conformément aux ordonnances.

X. Il est libre à tous officiers, officier-marinier, canonnier-matelot, après avoir obéi, de faire parvenir directement ses plaintes aux supérieurs, aux ministres, à l'assemblée nationale, sans avoir besoin de l'attache ou permission d'aucune autorité intermédiaire; mais il n'est permis, sous aucun prétexte, dans les affaires qui n'intéressent que la poſice intérieur du corps royal de la marine, la discipline militaire, ou le service des arsenaux, d'appeler l'intervention, soit des municipalités, soit des autres corps administratifs, lesquels n'ont d'action sur les troupes et gens de mer, que par les réquisitions qu'ils peuvent faire à leurs chefs ou commandans.

XI. Les lois et ordonnances de la marine, actuellement existantes, seront observées et suivies jusqu'à la promulgation très-prochaine de celles qui doivent être le résultat des travaux de l'assemblée nationale sur cette partie.

LOI relative aux soldats tenant garnison sur les vaisseaux, du 31 octobre 1790.

L'assemblée nationale, après avoir entendu le rapport de son comité militaire, décrète que les soldats tenant garnison sur les vaisseaux, recevront, outre la paye fixée par le décret du 24 juin dernier, et la subsistance qui leur est fournie en nature de l'approvisionnement des vaisseaux, une gratification de dix-huit deniers par jour, qui leur sera payée par le département de la guerre, sur les fonds affectés à la masse de boulangerie.

Loi portant établissement de tribunaux de Commerce dans les villes maritimes où il existoit des amirautés, du 7 janvier 1791.

L'assemblée nationale, après avoir entendu le rapport du comité de constitution, décrète qu'il sera établi des tribunaux de commerce dans les villes maritimes où il existoit des amirautés.

Loi relative aux jurisdictions des prud'hommes et des patrons pêcheurs de la ville de Toulon, du 19 janvier 1791.

L'assemblée nationale, en conséquence de son décret du 8 décembre dernier, par lequel la jurisdiction des prud'hommes de Marseille est confirmée définitivement, décrète qu'elle a entendu donner la même stabilité aux jurisdictions de prud'hommes ci-devant établies, et particulièrement à celle des patrons pêcheurs de Toulon.

Loi relative aux indemnités accordées aux commandans des bâtimens de l'état, lorsqu'ils passeront à leur bord des personnes en vertu d'ordres du roi, du 11 février 1791.

L'assemblée nationale, sur le rapport de son comité de la marine, décrète qu'à compter de ce jour, les indemnités accordées aux commandans des bâtimens de l'état, lorsqu'ils passeront à leur bord, en vertu d'ordres du roi, des personnes, des qualités et grades ci-après, seront réglées comme suit; savoir :

ARTICLE PREMIER.

GRADES.	EUROPE.	AMÉRIQUE.	ISLE DE FRANCE.	INDES.
Un officier général . . . . . Un gouverneur général . . . Un ambassadeur. . . . . . . Un envoyé . . . . Un colonel . . . . Un lieutenant-colonel commandant un corps. . . . Un intendant . . . . Un commissaire ordonnateur. . . . . Un consul.	400 liv.	800 liv.	1200 liv.	1600 liv.

II. Pour les retours d'Amérique et de l'Inde, il sera accordé un quart en sus des indemnités fixées par l'article précédent.

III. Les personnes des qualités et grades dénommés ci-dessus, ne pourront embarquer à leur suite que des gens attachés à leur service, et jamais au dessus du nombre fixé ci-après.

SAVOIR:

L'officier général commandant en chef, le gouverneur général et l'ambassadeur, au plus. . . 6

L'officier général employé, l'envoyé, l'intendant des colonies, au plus 4

Le commissaire ordonnateur et le consul général, au plus . 3

Le colonel ou le lieutenant-colonel commandant un corps, et le consul ordinaire, au plus 2

IV. L'indemnité pour chacun des domestiques qui seront embarqués sera fixé,

SAVOIR:

SAVOIR:

EUROPE.	AMÉRIQUE	ISLE DE FRANCE.	INDES.
100 liv.	200 liv.	300 liv.	400 liv.

V. Pour les retours d'Amérique et de l'Inde, il sera accordé un quart en sus des indemnités fixées par chaque domestique.

VI. Tout autre officier militaire ou civil, recevra le traitement alloué à chacun des officiers de l'état-major du vaisseau, et il en sera de même du secrétaire qui pourra être à la suite de l'officier général commandant en chef, de l'ambassadeur, du gouverneur et de l'intendant d'une colonie.

Loi relative à la décoration militaire pour les officiers attachés à la marine, du 11 février 1791.

L'assemblée nationale, sur le rapport de son comité de la marine, décrète, pour être exécutés provisoirement et jusqu'à la nouvelle organisation de la Marine, les articles suivans :

ARTICLE PREMIER.

La décoration militaire sera donnée à tous les officiers de la marine ou attachés à la marine, ainsi qu'aux officiers militaires des corps des colonies dépendans de ce département, qui auront vingt-quatre ans de service, en quelque qualité et dans quelque grade qu'ils ayent servi dans un corps militaire ou sur les vaisseaux de l'état. Ces années seront comptées conformément aux dispositions des articles I et IV des décrets des 10, 16, 23, et 26 juillet 1790.

II. Les officiers qui auront pris leur retraite, ou qui auroient été réformés sans avoir obtenu la décoration militaire, pourront en former la demande, et sont déclarés susceptibles de l'obtenir, s'ils ont servi le temps déterminé par l'article précédent.

Loi relative à l'adjudication des fournitures des vivres pour la marine, et au compte à rendre par les anciens régisseurs, du 20 mars 1791.

L'assemblée nationale décrète:

1°. Que le ministre de la marine justifiera, dans trois jours, de l'exécution qu'il a dû donner à la loi du 10 octobre 1790, qui ordonne que l'adjudication des fournitures des vivres pour la marine, sera ouverte dès le 1er. janvier 1791, et que la régie des vivres de la marine présentera un compte général, arrêté et certifié, des sommes qu'elle a reçues du Trésor public pendant son exercice, & de celles qu'elle a dépensées en achats, approvisionnemens, et frais de régie.

Loi qui affecte au service de la marine, divers bâtimens et terrains situés dans les ports de Brest, Toulon, Rochefort, Cherbourg et Royan, du 20 mars 1791.

L'assemblée nationale, oui le rapport de ses comités de la marine et des domaines, décrète :

1°. Que le couvent des capucins de Brest, et le terrain qui en dépend, situés sur le rocher qui domine le port, seront réunis à l'arsenal.

2°. Que l'église paroissiale de Rochefort, située près des nouvelles formes de construction des vaisseaux, sera démolie, pour l'emplacement en être réuni à l'arsenal.

3°. Que la maison conventuelle des capucins, sera réunie à l'arsenal, et que le pré du ci-devant chapitre de Toulon, contigu à la demi-l'une dans laquelle la boulangerie se trouve placée, ne sera point aliéné.

4°. Que le couvent des Récollets de Royan, et le terrain qui en dépend, seront affectés au service de la Marine, pour servir d'hôpital aux équipages des vaisseaux de l'état, et des bâtimens marchands.

5°. Que les bâtimens et terrains dépendans de l'abbaye de Notre-Dame-du-Vœu près Cherbourg, seront affectés au service de la rade et de l'arsenal, à l'exception néanmoins du terrain séparé par la grande route de Cherbourg à Querqueville, à partir du mur des casernes de la marine.

Décrète que tous les titres de propriété desdits terrains et bâtimens situés à Brest, Rochefort, Toulon, Royan et Cherbourg, seront réunis incessamment au département de la marine.

Déclare que les terrains, bâtimens, magasins, maisons et établissemens, de quelque nature qu'ils puissent être et en quelque endroit qu'ils soient situés, actuellement, dépendans du département de la marine, continueront de lui être exclusivement affectés, suivant leur destination actuelle, sauf la responsabilité du ministre de ce département, et sans qu'aucuns corps civils ou administratifs de l'intérieur, puissent s'immiscer en aucune manière dans la régie et administration desdits biens.

LOI relative aux invalides, du 17 avril 1791.

L'assemblée nationale décrète ce qui suit :

ARTICLE PREMIER.

Il ne sera reçu désomais à l'hôtel des invalides, conformément à l'édit de création, que des militaires qui auroient été estropiés, ou qui auroient atteint l'âge de caducité, étant sous les armes au service de terre ou de mer, et qui n'auroient d'ailleurs aucun moyen de subsister.

Ceux qui sont actuellement à l'hôtel seront les maîtres d'y rester; ceux qui voudront en sortir auront pour pension de retraite, savoir,

	l.	s.	d.
Les lieutenans-colonels	1,200	»	»
Les commandans de bataillons .	1,000	»	»
Les capitaines.	800	»	»
Les lieutenans.	600	»	»
Les maréchaux-des-logis en chef.	422	3	4
Tous les sous-officiers	300	10	»
Tous les soldats	227	10	»

II. L'état-major de l'hôtel est supprimé; l'administration sera réformée. Le comité militaire présentera incessamment ses vues sur cet objet, ainsi que sur les moyens de conserver quelques compagnies détachées de vétérans.

Loi relative à la caisse des Invalides de la marine, du 13 mai 1791.

TITRE PREMIER.

De la conservation de la caisse des Invalides, et des revenus qui lui sont affectés.

Article premier.

La caisse des invalides de la marine sera conservée, elle demeurera distincte et séparée de celles des pensions accordées par l'état, sur laquelle les droits des marins et de tous les employés du département de la marine sont réservés.

II. Les revenus fixes provenant des économies ci-devant faites des fonds de cette caisse, continueront à y être versés.

III. La rente viagère de cent vingt mille livres sur la tête du roi, est déclarée perpétuelle, et sera versée tous les ans par le trésor public à la caisse des invalides.

Cette caisse conservera pour revenus casuels :

1°. Quatre deniers pour livre sur toutes les dépenses du département de la marine et des colonies.

2°. Six deniers pour livre sur les gages des marins employés par le commerce, et sur les bénéfices de ceux qui naviguent à la part.

3°. Un sou pour livre du produit net de toutes les prises faites sur les ennemis de l'état par les corsaires françois.

4°. Six deniers pour livre de la totalité, et le tiers du produit net de toutes les prises quelconques faites sur les ennemis par les bâtimens de l'état.

5°. La totalité du produit non réclamé des bris et naufrages.

6°. Le montant de la solde des marins déserteurs à bord des vaisseaux de l'état.

7°. La moitié de la solde des déserteurs à bord des navires de commerce ; l'autre moitié déclarée appartenir aux armateurs, en indemnité de leurs frais de remplacement.

8°. Le produit des successions des marins et autres personnes mortes en mer, les sommes de part de prise, gratifications, salaires et journées d'ouvriers, et autres objets de pareille nature concernant le service de la marine, lorsqu'ils ne seront pas réclamés.

TITRE SECOND.

Des formes à observer pour constater ceux qui ont des droits à des pensions ou demi-soldes sur la caisse des invalides.

ARTICLE PREMIER.

Les syndics élus par les citoyens de profession maritime dresseront, au commencement de chaque année, une liste des invalides et pensionnaires de leur syndicat morts dans l'année; ils recevront les demandes des demi-soldes qui leur seront faites par les marins, veuves et enfans, pères et mères des marins de leur territoire; ils en donneront l'état, contenant les motifs de chaque demande, et feront certifier les faits par la municipalité du chef-lieu du syndicat, et adresseront un double de l'état, et les pièces au soutien, au commissaire de leur quartier.

II. Les commissaires établis dans les quartiers, vérifieront les faits contenus aux états et pièces à eux envoyés par les syndics; ils joindront leurs observations à chaque demande, feront certifier le tout par les administrateurs du district de leur résidence, et en feront ensuite l'envoi à l'ordonnateur en chef de leur département.

Quant aux marins, leurs veuves, enfans, pères ou mères, résidans dans les lieux non compris dans un syndicat des classes, ils présenteront leurs demandes motivées à la municipalité du lieu de leur résidence, laquelle certifiera les faits qui seront à sa connoissance, sera passer le tout avec son avis au commissaire aux classes du quartier le plus prochain, qui adressera lesdites demandes, et les pièces au soutien, au ministre du département de la marine, avec ses observations.

III. Les commissaires des classes feront aussi, au commencement de chaque année, une liste des officiers militaires et administrateurs pensionnaires de leur département, morts dans l'année.

Quant aux nouvelles demandes de pensions qui pourroient être formées par des officiers militaires, ceux d'administration et autres, elles seront par eux adressées à leur supérieurs respectifs, qui en remettront les états et pièces à l'appui à l'ordonnateur en chef du département. Leurs pères, mères, veuves et enfans qui formeront des demandes, y joindront les certificats de la municipalité de leur résidence, sur les faits par eux énoncés et qui seront à sa connoissance.

IV. Les inspecteurs des troupes

de la marine recevront les demandes de pensions qui pourront être formées par les officiers, sous-officiers et soldats desdites troupes et régimens; ils en dresseront l'état avec les motifs de chaque demande, et les pièces au soutien, et adresseront le tout avec leurs observations au ministre de la marine.

V. Les ordonnateurs en chef dans les divers départemens de la marine, feront examiner tous les états de demandes de pensions et pièces au soutien, qui leur auront été adressés; ils en feront dresser le procès-verbal par le commissaire aux revues, ou par le contrôleur de la marine, le viseront, y joindront leurs observations, et adresseront le tout, dans le plus bref délai possible, au ministre de la marine.

VI. Le ministre fera faire un nouvel examen, et dresser la liste générale de toutes les demandes et de leurs principaux motifs, dans l'ordre où il aura jugé devoir les placer.

VII. Les pensions et demi-soldes de la marine seront déterminées par un réglement particulier, en raison des fonctions qu'exerçoient les individus, de leurs payes au service, de leurs blessures ou infirmités, de leurs besoins, et du nombre de leur enfans en bas-âge. Le *minimum* desdites pensions et demi-soldes est fixé à 96 livres, et leur *maximum* à 600 livres par an.

VIII. Tous ceux qui, à raison de leurs services et de leurs besoins, mériteront d'être placés sur la liste, obtiendront la pension, solde ou demi-solde, autant que la caisse aura des fonds à y suffire ; et en cas d'insuffisance, on suivra l'ordre de la liste qui doit accorder la préférence aux plus anciens d'âge et de service, et aux plus nécessiteux.

IX. Les gratifications et secours urgens et momentanés, seront demandés, comme les demi-soldes, au syndic, qui fera certifier les faits par la municipalité du chef-lieu, et enverra egalement l'état au commissaire du quartier, qui y joindra ses observations, fera certifier le tout par les administrateurs du district de sa résidence, et en fera l'envoi à l'ordonnateur du département.

X. Les officiers militaires, ceux d'administration, ainsi que les officiers, sous-officiers et soldats des troupes de la marine, adresseront à leurs supérieurs respectifs leurs demandes de gratifications, de secours urgens, et rempliront pour cet objet les mêmes formalités prescrites par les articles précédens pour les demandes des pensions.

TITRE TROISIEME.

De la destination des fonds de la caisse des Invalides.

ARTICLE PREMIER.

Les fonds de la caisse des invalides sont destinés au soulagement des officiers militaires et d'administration, officiers-mariniers, matelots, novices, mousses, sous-officiers, soldats, et autres employés du département de la marine, et à celui de leurs veuves et enfans, même de leurs pères et mères : ils ne pourront, sous aucun prétexte, être détournés de cette destination.

II. Il ne sera accordé aucune pension sur la caisse des invalides, qu'à titre de besoins réels et bien constatés ; et cette pension ne pourra jamais excéder six cents livres, même lorsqu'elle sera accordée à une veuve et ses enfans réunis.

III. Nul ne pourra obtenir de pension sur la caisse des invalides, s'il a quelque traitement ou salaire public ou pension sur l'état.

IV. Il ne pourra être accordée de pensions sur la caisse des invalides, avec clause de réversibilité.

V. La pension de cinquante livres accordée à perpétuité au plus proche parent du sieur Penandreff-keranstrelt est exceptée de l'article précédent, en mémoire de la mort glorieuse de cet officier, tué le 10 août 1780 sur la frégate angloise la Flore, à bord de laquelle il avoit sauté seul, et continuera d'être payée pendant cent ans.

VI. Il sera mis chaque année sur les fonds de la caisse des invalides, une somme à la disposition du ministre de la marine, pour être par lui distribuée en modiques gratifications dans les cas de besoins urgens. Cette somme sera fixée à soixante mille livres par an, et divisée en deux portions, L'une, de cinquante-quatre mille livres, sera appliquée aux demandes faites dans les formes prescrites par le titre précédent, et aucune de ces gratifications ne pourra excéder la somme de deux cents livres.

L'autre portion de six mille livres sera disponible par le ministre, pour les cas extraordinaires qui ne permettent aucun retard, et dont les demandes ne pourront être formées à l'avance, et aucune des gratifications sur ce fonds de six mille livres ne pourra excéder la somme de cinquante livres.

VII. Toutes les demandes des marins et autres personnes attachées au département de la marine, sollicitant des pensions ou demi-soldes, à raison de leurs services, blessures, âge, infirmités, et qui n'ont encore obtenu aucune pension ni demi-solde, seront examinées le plutôt possible par le ministre du département; et toutes celles qui sont fondées, seront incessamment accordées suivant les principes du présent décret, conformément au réglement ci-annexé, à courir du premier janvier 1791.

TITRE QUATRIEME.

Des pensions, soldes et demi-soldes qui existent sur la caisse des invalides de la Marine.

ARTICLE PREMIER.

A compter du premier janvier 1791, les pensions accordées sur la caisse des invalides de la marine, à des personnes étrangères au département de la marine et des colonies, et qui n'en jouissent pas en qualité de veuves et enfans, ou frères et sœurs, pères et mères des marins, ou employés au service de ce département, sont supprimées sans pouvoir être remplacées, et il ne leur sera payé que les arrérages échus à cette époque.

II. Toutes autres pensions sur la caisse des invalides continueront d'être payées jusques et compris les six premiers mois de l'année 1791, et ne pourront l'être ultérieurement que d'après vérification de leurs motifs.

III. Les pensions accordées pour raison de blessures ou d'infirmités graves et bien constatées, ou à titre de retraite, après trente ans effectifs de service, ou aux veuves, enfans, pères, mères, frères et sœurs des marins, d'officiers et d'employés dans le département, en considération de la mort ou des services rendus par leurs maris, leurs pères, fils ou frères, sont conservées, pourvu qu'ils n'ayent pas d'autre traitement; mais celles qui excèdent six cents livres, seront réduites à ce taux.

IV. Ne sont comprises aux dispositions de l'article II les soldes et demi-soldes, et les pensions de cinquante livres aux veuves qui continueront d'être payées sans interruption.

V. Le ministre de la marine remettra au bureau du commissaire du roi liquidateur, les titres ou décisions, avec les motifs et informations prises dans les ports respectifs sur les pensions suspendues par l'article II du présent Titre. Le commissaire liquidateur en fera l'examen et vérification et remettra le tout au comité de marine, pour en faire le rapport à l'assemblée nationale.

VI. Tous inventeurs de découvertes utiles à la marine, & autres étrangers à ce département, auxquels il avoit été accordé des pensions sur la caisse des invalides, ou qui auront des droits à des récompenses, fourniront leurs mémoires au comité des pensions, pour être portés sur la liste des pensionnaires de l'état, s'il y a lieu.

VII. Les pensionnaires de toutes les classes sur la caisse des invalides de la marine, seront admis, dès qu'ils le requerront, dans les hospices nationaux, en abandonnant auxdites hospices leur pension ou solde, sous la réserve de vingt-quatre livres par an pour les besoins particuliers desdits pensionnaires; mais ils seront tenus d'y travailler, s'ils sont encore en état de le faire, et le produit de leur travail appartiendra à l'hospice.

Ceux qui auront été estropiés ou qui auront atteint l'âge de caducité, et qui n'auroient d'ailleurs aucun moyen de subsister, pourront être reçus à l'hôtel des invalides, conformément au décret du 24 mars 1791; alors ils cesseront de recevoir aucune demi-solde, sauf la réserve de vingt-quatre livres.

VIII. Les soldes et demi-soldes

dont jouissent actuellement les invalides de la marine, seront provisoirement, à compter du premier janvier 1791, augmentées de douze deniers par jour, en attendant un travail général qui devra être fait par le département de la marine dans le courant de cette année, pour mettre tous les invalides de la marine, au premier janvier 1792, sur le pied de réglement annexé au présent décret.

IX. Les hôpitaux, hospices et autres établissemens de bienfaisance destinés privativement aux invalides de la marine, seront provisoirement maintenus. L'assemblée nationale charge son comité de marine et de mendicité de lui en présenter incessamment le tableau, et de lui proposer les dispositions à faire pour l'avantage public.

TITRE CINQUIEME.

De la comptabilité de la caisse des invalides, & frais de son administration.

ARTICLE PREMIER.

La caisse des invalides de la marine est un dépôt confié, sous les ordres du roi, au ministre du département de la marine, qui ne pourra, sous peine d'en être responsable, en intervertir la destination.

II. Tous les agens nécessaires au service de la caisse des invalides, seront sous les ordres du ministre de ce département.

III. Il y aura un trésorier des invalides de la marine à Paris, et dans chacun des ports où un tribunal de commerce maritime remplacera une amirauté, et les trésoriers des ports seront en même temps caissiers des gens de mer.

Il y aura en outre des caissiers

de gens de mer dans les autres quartiers, et les caissiers seront subordonnés au trésorier de leur arrondissement.

IV. Au ministre appartiendra d'ordonner les remises et versemens de fonds de la caisse de Paris dans celles des ports, et *vice versâ*, suivant les besoins du service.

V. Les recettes et dépenses concernant les invalides et les gens de mer, seront confiées auxdits trésoriers et caissiers, dont la comptabilité sera suivie par les commissaires des classes, sous les ordres des ordonnateurs, et inspectée dans les ports par les contrôleurs de la marine.

VI. Chaque trésorier et caissier tiendra un registre particulier en recette et en dépense, tant pour le service de la caisse des invalides de la marine, que pour celle des gens de mer.

VII. Le premier de chaque mois, les trésoriers arrêteront leurs registres, et le feront viser par les commissaires aux classes et les contrôleurs

leurs de la marine du port où ils seront établis.

Les caissiers des gens de mer arrêteront aussi leur registre le premier jour de chaque mois, et cet arrêté sera visé par le commissaire des classes du quartier.

Les commissaires aux classes et les contrôleurs seront tenus de vérifier et certifier l'état de la caisse et l'existence des effets et espèces, et ils seront responsables de la vérité de leur certificat.

VIII. Ils remettront à la même époque à l'ordonnateur en chef de leur département, qui le fera passer au ministre, l'extrait du service du mois, certifié et visé comme il est prescrit pour le registre. Le trésorier des invalides à Paris, remettra un semblable extrait au ministre.

IX. Tous les ans, au premier jour de janvier, chaque trésorier des invalides formera son compte de l'année précédente, lequel sera visé et certifié par le commissaire aux classes, ou le contrôleur de la marine, arrêté par l'ordonnateur du département, et adressé au ministre de la marine.

A Paris le trésorier établira dans la même forme son compte de l'année précédente, qu'il fournira au ministre.

D'après tous ces comptes, le ministre de la marine fera dresser le compte général de la caisse des invalides de la marine, qui sera livré à l'impression et envoyé dans les quartiers à chaque syndic des gens de mer.

A ce compte général seront jointes les listes des pensions et gratifications demandées, et de celles accordées pour chaque département. Le double de ce compte sera envoyé au corps législatif.

X. Aucune dépense ou gratification ne pourra être allouée que sur ordonnance signée du roi en commandement, et contresignée par le ministre du département de la marine.

XI. Les commissaires des classes

et les contrôleurs de la marine dans les ports, et à Paris le chef du bureau des invalides, seront spécialement chargés des poursuites à faire pour la rentrée des sommes dues à la caisse des invalides, tant pour le passé que pour l'avenir, chacun dans leur département.

XII. La caisse des invalides ne supportera aucun frais ordinaires, que ceux qui seront réglés pour le traitement des agens auxquels seront confiées l'administration et la comptabilité des objets qui les concernent.

XIII. Ladite caisse ne supportera d'autres frais extraordinaires que ceux nécessaires pour assurer le recouvrement des sommes qui lui seront dues, et l'impression de ses comptes.

RÉGLEMENT *pour la fixation et distribution des pensions, soldes et demi-soldes sur la caisse des invalides de la marine.*

L'assemblée nationale considérant que la situation des marins exige plus ou moins de secours en raison de leurs infirmités, de leurs blessures, de la quantité et de l'âge de leurs enfans, et qu'il est juste aussi d'avoir égard à leurs appointemens, qui indiquent la durée, l'importance et le mérite de leurs services, décrète ce qui suit:

Article premier.

Il sera fait cinq classes des personnes ayant droit à des demi-soldes en qualité d'invalides de la marine.

II. Tous les marins qui, aux termes du décret de ce jour, auront droit à une demi-solde sur la caisse des invalides, et dont la paye au service est de soixante six à quatre-vingt-une livres par mois, recevront pour demi-solde dix-huit livres par mois.

Tous ceux dont la paye est de cinquante-une à soixante-trois livres, recevront pour demi-solde quinze livres par mois.

Tous ceux dont la paye est de trente-neuf à quarante-huit livres, recevront pour demi-solde douze livres dix sous par mois.

Tous ceux dont la paye est de vingt-sept à trente-six livres, auront pour demi-solde dix livres par mois.

Enfin, pour tous ceux dont la paye est au-dessous de vingt-sept livres, la demi-solde sera de huit livres par mois.

III. Il sera en outre accordé à chaque invalide qui, par mutilation, par des blessures graves ou des infirmités, seroit habituellement hors d'état de travailler, un supplément de six livres par mois.

IV. Il sera aussi accordé à chaque invalide, en supplément, la somme de deux livres par mois pour chaque enfant au-dessous de l'âge de dix ans, jusqu'à ce qu'ils ayent atteint cet âge.

V. A l'égard des sous-officiers et soldats des troupes de la marine, on suivra les règles établies ou à établir pour l'armée de ligne, en ayant égard au séjour dans les colonies, et aux campagnes de mer desdits sous-officiers et soldats.

VI. Tous ceux dont les appointemens ou la solde excède quatre-vingt-une livres par mois, auront droit, dans les cas exprimés dans le décret, à une pension du quart de leurdit traitement ou solde.

Si par des blessures ou infirmités, ils se trouvent hors d'état de travailler, ils recevront un supplément de neuf livres par mois, et en outre trois livres par chacun de leurs enfans au-dessous de l'âge de dix ans, et seulement jusqu'à ce qu'ils soient parvenus à cet âge.

VII. Les veuves des pensionnaires invalides et celles des hommes morts après trente ans de service, auront droit à la moitié de ce que leurs maris avoient obtenu ou auroient pu obtenir.

Celles des hommes tués à la guerre auront droit à la moitié de la pension ou demi-solde qui auroient été dues à leurs maris, à raison de leur paye ou de leurs appointemens, quel que fût leur âge ou le temps de service, et en outre à la moitié du supplément accordé pour les blessures graves; il leur sera aussi accordé un supplément de trois livres par mois, pour chaque enfant au-dessous de dix ans.

VIII. Les pères et mères pourront obtenir chacun le tiers de la pension ou demi-solde qui auroit pu être accordée à leurs fils dans les cas ci-dessus.

IX. Les orphelins de père et de mère, dans les cas énoncés ci-dessus, pourront obtenir chacun le tiers de la penſion ou demi-solde que leur père avoit obtenue ou à laquelle il auroit eu droit, et cette pension ou demi-solde leur sera payée jusqu'à l'âge de quatorze ans accomplis.

X. Lesdites pensions ou demi-soldes et accessoires réunis, ne pourront jamais excéder la somme de six cents livres, fixée pour le *maximum* des pensions sur la caisse des invalides.

Loi relative à l'organisation de la Marine, du 15 mai 1791.

L'assemblée nationale, oui le rapport de son comité de marine, décrète ce qui suit :

Article premier.

La marine françoise est composée de tous les citoyens soumis à la conscription maritime.

Mousses.

II. Nul ne pourra être embarqué comme mousse sur les bâtimens de l'état, que de dix à seize ans.

Novices.

III. Tous ceux qui commenceront à naviguer après seize ans, et n'auront pas satisfait à l'examen exigé par l'article XV, seront novices.

Matelots.

IV. Ceux qui auront commencé

à naviguer en qualité de novices, pourront, après douze mois de navigation, être admis à l'état de matelot.

V. Les matelots obtiendront, suivant le tems et la nature de leurs services, des augmentations de paye, et à cet effet la paye des matelots sera graduée en plusieurs classes.

VI. Aucun matelot ne pourra être porté à la haute-paye sans avoir passé par les payes intermédiaires.

Officiers Mariniers.

VII. Il y aura des officiers mariniers ayant autorité sur les matelots : ils seront divisés en plusieurs classes : ce grade ne sera accordé qu'aux matelots ou ouvriers matelots parvenus à la plus haute paye, et seulement lorsqu'ils auront les qualités nécessaires pour en bien remplir les fonctions.

VIII. On ne pourra être fait officier marinier de manœuvre, sans avoir été employé pendant une année de navigation en qualité de gabier.

IX. Toutes les augmentations de solde et tous avancemens en grade pour les gens de l'équipage seront faits, pour chaque vaisseau, par son commandant, qui se conformera aux règles établies à cet égard.

PILOTES CÔTIERS.

X. Nul ne pourra commander au petit cabotage, qu'il n'ait le tems de navigation, et qu'il n'ait satisfait à l'examen qui sera prescrit. Ces maîtres seront employés au moins comme timoniers.

XI. Nul ne sera embarqué comme pilote côtier, s'il n'a commandé au moins trois ans en qualité de maître au petit cabotage, et qu'il n'ait satisfait à l'examen qui sera prescrit.

MAITRES ENTRETENUS.

XII. Les officiers mariniers parvenus par leurs services au premier grade de leur classe, pourront être constamment entretenus, et le nombre des entretenus sera déterminé d'après les besoins des ports. Les deux tiers des places des maîtres entretenus, vacantes dans chaque département, seront données à l'ancienneté, et l'autre tiers au choix du roi; l'ancienneté des maîtres ne sera évaluée que par le tems de navigation fait sur les vaisseaux et autres bâtimens de l'état, avec le grade et en remplissant les fonctions de premiers maîtres.

XIII. Les maîtres entretenus de manœuvre et de canonnage, deviendront officiers, conformément aux règles ci-après énoncées, encore qu'ils eussent passé l'âge auquel l'admission aux différens grades d'officiers pourroit avoir lieu.

ÉCOLES PUBLIQUES.

XIV. Il y aura des écoles gratuites d'ydrographie et de mathématiques dans les principaux ports du royaume.

Aspirans.

XV. Il sera chaque année ouvert un concours dans les principales villes maritimes;

Auquel concours pourront se présenter tous les jeunes gens de quinze à vingt ans, se destinant à la marine; ils y seront examinés sur les connoissances théoriques.

XVI. Ceux qui auront le mieux satisfait à l'examen, seront admis à servir pendant trois ans sur les vaisseaux de l'état sous le titre d'aspirans. On fixera le nombre d'aspirans à recevoir chaque année dans chaque lieu où le concours sera établi, à raison de sa population maritime.

XVII. Les aspirans seront payés pendant leurs trois années de service; il n'y aura pas dans les départemens de la marine, d'écoles de théorie qui leur soient particulieres.

XVIII. Les aspirans qui auront fait trois années de service se retireront, et seront remplacés par un nombre égal de jeunes gens reçus au concours.

XIX. Les concours établis pour parvenir au grade d'officier, seront ouverts à tous les navigateurs qui auront au moins quatre années de navigation, soit sur les vaisseaux de l'état, soit sur les batimens du commerce, sans aucune distinction de ceux qui auront été ou qui n'auront pas été aspirans.

XX. Chaque armateur sera obligé de recevoir à bord des bâtimens de cent cinquante tonneaux et audessus, qu'il armera pour les voyages de long cours ou de grand cabotage, un aspirant du nombre de ceux qui, après trois ans d'entretien, n'auront pas complété leurs quatre ans de navigation pour être admissibles au concours.

XXI. Lorsque les aspirans de la marine qui n'auront pas obtenu le grade d'officier, seront après leur tems d'entretien appelés au service de l'état, ils prendront rang avec les aspirans, suivant leur ancienneté, à compter du moment qu'ils auront été reçus aspirans.

Officiers de la marine.

XXII. Les grades d'officiers de la marine seront ceux d'enseigne de vaisseaux, lieutenans de vaisseaux et capitaines de vaisseaux, et les grades d'officiers généraux.

On ne pourra être fait officier avant l'âge de dix-huit ans accomplis.

XXIII. Le grade d'enseigne sera le dernier grade d'officier de la marine.

XXIV. Le grade d'enseigne entretenu sera donné au concours; celui d'enseigne non entretenu sera donné à tous les navigateurs qui, après six ans de navigation, dont une au moins sur les vaisseaux de l'état, ou en qualité d'officier sur un bâtiment uniquement armé en course, auront satisfait à un examen public sur la théorie et la pratique de l'art maritime.

XXV. Tous les enseignes seront habiles à commander des bâtimens de commerce, pourvu qu'ils ayent vingt-quatre ans, et ils pourront seuls commander au long cours et au grand cabotage.

XXVI. Tout navigateur non reçu enseigne ni aspirant, mais qui aura dix-huit mois de navigation en qualité de second sur des bâtimens de commerce de vingt hommes au moins d'équipage, appelé à servir sur l'armée navale, sera employé en qualité d'aspirant de la premiére classe.

XXVII. Les enseignes non entretenus n'auront d'appointemens, et n'exerceront l'autorité de ce grade, que lorsqu'ils seront en activité de service militaire : ils ne pourront en porter l'uniforme que lorsqu'ils auront été appelés à servir en cette qualité sur les vaisseaux de l'état.

Les bâtimens de commerce commandés par des officiers militaires, ne pourront arborer les marques distinctives réservées exclusivement aux vaisseaux de l'état, sauf la flamme de police et de commandement entre bâtimens marchands, usitée dans les ports des colonies et dans quelques ports étrangers.

XXVIII. La dixième des places d'enseignes entretenus sera donnée aux maîtres entretenus, moitié à l'ancienneté d'entretien, moitié au choix du roi, sans égard à l'âge.

XXIX. Les autres places vacantes d'enseignes entretenus seront données au concours par un examen sur toutes les branches de mathématiques applicables à la marine, et sur toutes les parties de l'art maritime.

XXX. Seront admis à cet examen tous ceux ayant rempli les conditions prescrites pour le concours, et n'ayant pas passé l'âge de trente ans.

Cet examen aura lieu dans chaque département de la Marine, pour remplir les places d'enseignes entretenus qui se trouveroient vacantes dans ce département.

XXXI. Les enseignes entretenus cesseront de l'être, et seront remplacés, soit qu'ils quittent le service public, soit qu'ils préfèrent de servir sur les bâtimens de commerce.

XXXII. Tous les enseignes entretenus ou non entretenus de service sur le même vaisseau, ou dans le même port, jouiront des mêmes prérogatives et exerceront la même autorité : ils prendront rang entre eux suivant le temps de navigation faite en cette qualité sur les vaisseaux de l'état.

Lieutenans.

XXXIII. Le grade de lieutenant sera immédiatement au-dessus de celui d'enseigne.

Tous les enseignes entretenus ou non entretenus pourront également y prétendre, pourvu qu'ils n'aient pas plus de quarante ans. Les cinq sixièmes des places vacantes seront accordés à ceux d'entre eux qui auront le plus de temps de navigation faite en qualité d'enseigne sur les vaisseaux de l'état; l'autre sixième des places vacantes sera laissé au choix du roi, qui pourra le faire sans distinction d'âge entre tous les enseignes qui auront fait vingt-quatre mois de navigation sur les vaisseaux de l'état.

XXXIV. Les lieutenans seront entretenus, et entièrement et perpétuellement voués au service de l'état, et prendront rang entre eux suivant leur ancienneté d'admission.

CAPITAINES DE VAISSEAUX.

XXXV. Les capitaines de vaisseaux seront pris parmi tous les lieutenans de la manière suivante; une moitié de ce remplacement se fera en suivant le rang d'ancienneté, et l'autre moitié au choix du roi, sans égard à l'âge.

XXXVI. Ce choix ne pourra porter que sur ceux qui auront au moins trois ans de navigation dans ce grade.

XXXVII. Le grade de capitaine de vaisseau pourra aussi être donné aux enseignes non entretenus, qui ayant passé l'âge de quarante ans, auront huit ans de navigation, dont deux sur les vaisseaux de l'état, et le reste en commandant les bâtimens de commerce, et qui se seront distingués par leurs talens ou par leur conduite.

XXXVIII. Les capitaines de vaisseaux prendront rang entre eux de la date de leur brevet. Les officiers faits capitaines de vaisseaux dans la même promotion, conserveront entre eux le rang qu'ils avoient lorsqu'ils étoient lieutenans.

Officiers généraux.

XXXIX. Les officiers généraux seront divisée en trois grades:

Les amiraux, les vice-amiraux et les contre amiraux.

XL. Les contre-amiraux seront pris parmi les capitaines, un tiers par ancienneté, deux tiers aux choix du roi. Ce choix ne pourra porter que sur ceux des capitaines de vaisseaux qui auront au moins vingt-quatre mois de navigation dans ce grade.

XLI. Les contre-amiraux parviendront au grade de vice-amiral par rang d'ancienneté.

XLII. Les amiraux pourront être pris parmi les vice-amiraux, et les contre-amiraux, et toujours au choix du roi.

XLIII. Les officiers commandant en temps de guerre les escadres dans les mers de l'Amérique ou des Indes, seront autorisés par le roi à récompenser par des avancemens conformes aux règles précédentes, et en nombre déterminé, les officiers qui l'auront mérité. Les officiers ainsi avancés jouiront provisoirement du grade qu'ils auront obtenu et de ses appointemens; mais ils ne pourront le conserver qu'autant qu'ils auront été confirmés par le roi. Ces avancemens seront comptés parmi ceux laissés au choix du roi.

XLIV. Les remplacemens par ordre d'ancienneté dans les différens grades, marcheront avant ceux par choix, et n'auront lieu qu'à mesure que les places viendront à vaquer, et au plus tard deux mois après la connoissance de la vacance.

Nominations aux Commandemens.

XLV. Le commandement des armées navales et escadres composées au moins de neuf vaisseaux de ligne, ne pourra être confié qu'à des amiraux, vice-amiraux ou contre-amiraux, mais indistinctement entre eux.

XLVI. Le commandement des divisions sera confié aux contre-amiraux et capitaines indistinctement, et celui des vaisseaux de ligne armés en guerre, à des capitaines.

XLVII. Les commandans des frégates seront pris indistinctement, soit parmi les capitaines, soit parmi les lieutenans.

XLVIII. Les commandans pour les autres bâtimens, comme corvettes, avisos, flûtes, gabarres, lougres et autres bâtimens appartenans à l'état, seront pris indistinctement, soit parmi les enseignes entretenus ou non entretenus, pourvu que ces enseignes ayent fait une campagne en cette qualité sur les vaisseaux de l'état, soit parmi les lieutenans.

XLIX. Le roi nommera aux commandemens, et il pourra les ôter par un ordre simple, quoiqu'il n'y ait pas d'accusation.

L. Les commandans des armées navales et escadres, pendant le cours de leurs campagnes, exerceront le droit donné au roi par l'article précédent.

RETRAITES ET DÉCORATIONS.

LI. Tous les hommes de profession maritime auront droit aux retraites et récompenses militaires, en raison de leurs services, ainsi qu'il sera déterminé par un réglement particulier.

LII. L'assemblée nationale se réserve de statuer par un décret particulier sur la maniere d'appliquer le présent décret à l'état actuel de la marine.

Loi concernant la conservation et classement des places de guerre et postes militaires, la police des fortifications et autres objets y relatifs, du 10 juillet 1791.

L'assemblée nationale, sur le rapport de son comité militaire, décrete ce qui suit :

TITRE PREMIER.

Conservation et classemens des places de guerre et postes militaires ; police des fortifications.

ARTICLE PREMIER.

Les places de guerre et postes militaires seront partagés en trois classes, suivant leur degré d'importance, et conformément au tableau qui sera réglé et annexé au présent décret.

Les places et postes de la premiere classe seront non seulement entretenus avec exactitude, mais encore renforcés dans toutes celles de leurs parties qui l'exigeront, et constamment pourvus des principaux moyens nécessaires à leur défense.

Ceux de la seconde classe seront entretenus sans augmentation, si ce n'est pour l'achèvement des ouvrages commencés; et ceux de la troisieme classe seront conservés en masse, pour valoir au besoin, sans démolition et sans autre entretien que celui des bâtimens qui seront conservés pour le service militaire, et des ouvrages relatifs aux manœuvres des eaux.

II. Ne seront réputés places de guerre ou postes militaires, que ceux énoncés aux tableau annexé au présent décret.

III. Dans le nombre des places de

de guerre et postes militaires désignés en l'article précédent, si un examen ultérieur prouvoit que quelques forts, citadelles, tours ou châteaux sont absolument inutiles à la défense de l'état, ils pourroient être supprimés et démolis en tout ou en partie, et leurs matériaux et emplacemens aliénés au profit du trésor public.

IV. Nulle construction nouvelle de places de guerre ou postes militaires, et nulle suppression ou démolition de ceux actuellement existans, ne pourront être ordonnées que d'après l'avis d'un conseil de guerre, confirmé par un décret du corps législatif, sanctionné par le roi.

V. Les places de guerre et postes militaires seront considérés sous trois rapports; savoir, dans *l'état de paix*, dans *l'état de guerre*, et dans *l'état de siége*.

VI. Dans les places de guerre et postes militaires, lorsque ces places et postes seront en *état de paix*, la police intérieure et tous autres actes du pouvoir civil, n'émaneront que des magistrats et autres officiers civils préposés par la constitution pour veiller au maintien des loix; l'autorité des agens militaires ne pouvant s'étendre que sur les troupes et sur les autres objets dépendans de leur service, qui seront désignés dans la suite du présent décret.

VII. Dans les places de guerre et postes militaires, lorsque ces places et postes seront en *état de guerre*, les officiers civils ne cesseront pas d'être chargés de l'ordre et de la police intérieurs; mais ils pourront être requis par le commandant militaire, de se prêter aux mesures d'ordre et de police qui intéresseront la sûreté de la place; en conséquence, pour assurer la responsabilité respective des officiers civils, et des agens militaires, les délibérations du conseil de guerre en vertu desquelles les réquisitions du commandant militaire auront été faites, seront remises et resteront à la municipalité.

VIII. *L'état de guerre* sera déterminé par un décret du corps législatif, rendu sur la proposition du roi, sanctionné et proclamé par lui.

IX. Et dans le cas où le corps législatif ne seroit point assemblé, le roi pourra, de sa seule autorité, proclamer que tels places ou postes sont en *état de guerre*, sous la responsabilité personnelle des ministres; mais lors de la réunion du corps législatif, il délibérera sur la proclamation du roi, à l'effet de la valider ou de l'infirmer par un décret.

X. Dans les places de guerres et postes militaires, lorsque ces places et postes seront en *état de siége*, toute l'autorité dont les officiers civils sont revêtus par la constitution, pour le maintien de l'ordre et de la police intérieurs, passera au commandant militaire, qui l'exercera exclusivement sous sa responsabilité personnelle.

XI. Les places de guerre et postes militaires seront en *état de siége*, non-seulement dès l'instant que les attaques seront commencées, mais même aussi-tôt que par l'effet de leur investissement par des troupes ennemies, les communications du dehors au dedans et du dedans au dehors, seront interceptées à la distance de dix-huit cents toises des crêtes des chemins couverts.

XII. *L'état de siège* ne cessera que lorque l'investiment sera rompu; et dans le cas où les attaques auroient été commencées, qu'après que les travaux des assiégeans auront été détruits, et que les brèches auront été réparées, ou mises en état de défense.

XIII. Tous terrains de fortifications des places de guerre ou postes militaires, tels que remparts, parapets, fossés, chemins couverts, esplanades, glacis, ouvrages avancés, terrains vides, canaux, flaques ou étangs dépendans des fortifications, et tous autres objets faisant partie des moyens défensifs des frontières du royaume, tels que lignes, redoutes, batteries, retranchemens, digues, écluses, canaux et leurs francs bords, lorsqu'ils accompagnent les lignes défensives ou qu'ils en tiennent lieu, quelque part qu'ils soient situés, soit sur les frontières de terre, soit sur les côtes et dans les îles qui les avoisinent, sont déclarés *propriétés nationales*; en cette qualité, leur conservation est attribuée au ministre de la guerre, et, dans aucun cas, les corps administratifs ne pourront en disposer, ni s'immiscer dans leur manutention d'une autre manière que celle qui sera prescrite par la suite du présent décret, sans la participation dudit ministre, lequel, ainsi que ses agens, demeureront responsables en tout ce qui les concerne, de la conservation desdites propriétés nationales, de même que de l'exécution des lois renfermées au présent décret.

XIV. L'assemblée nationale n'entend point annuller les conventions ou réglemens en vertu desquels quelques particuliers jouissent des productions de certaines parties de lignes, redoutes, retranchemens ou francs bords de canaux ; mais elle renouvelle, en tant que de besoin, la défense de les dégrader, d'en altérer les formes ou d'en combler les fossés, les dispositions ci-dessus ne concernant point les jouissances à titre d'émolumens, et ne dérogeant point à ce qui est prescrit *article LIX du titre III du présent décret.*

XV. Dans toutes les places de guerre et postes militaires, le terrain compris entre le pied du talus du rempart et une ligne tracée du côté de la place, à quatre toises du pied dudit talus, et parallèlement à lui, ainsi que celui renfermé dans la capacité des redans, bastions, vides ou autres ouvrages qui forment l'enceinte, sera considéré comme terrein militaire nationale, et sera rue le long des courtines et des gorges des bastions ou rédans ; dans les postes militaires qui n'ont point de remparts, mais un simple mur de clôture, la ligne destinée à limiter intérieurement le terrain militaire national, sera tracée à cinq toises du parement intérieur du parapet ou mur de clôture, et fera également rue.

XVI. Si dans quelques places de guerre et postes militaires, l'espace compris entre le pied du talus du rempart ou le parement intérieur du mur de clôture et les maisons ou autres établissement des particuliers, étoit plus considérable que celui prescrit par l'article précédent, il ne seroit rien changé aux dimensions actuelles du terrain national.

XVII. Les agens militaires veilleront à ce qu'aucune usurpation n'étende à l'avenir les propriétés particulières au-delà des limites assignées au terrain national; et cependant toutes personnes qui jouissent actuellement de maisons, bâtimens ou clôtures qui débordent ces limites, continueront d'en jouir sans être inquiétés; mais dans le cas de démolitions desdites maisons, bâtimens ou clôtures, que cette démolition soit volontaire, accidentelle, ou nécessitée par le cas de guerre et autres circonstances, les particuliers seront tenus, dans la restauration de leurs maisons, bâtimens et clôtures, de ne point outrepasser les limites fixées au terrain national par l'article XV ci-dessus.

XVIII. Les particuliers qui, par les dispositions de l'article XVII ci-dessus, perdront une partie de terrain qu'ils possèdent, en seront indemnisés par le trésor public, s'ils fournissent le titre légitime de leur possession ; l'assemblée nationale n'entendant d'ailleurs déroger en rien aux autres conditions en vertu desquelles ils seront entrés en jouissance de leur propriété.

XIX. Les dispositions des articles XV, XVI, XVII, et XVIII ci-dessus, seront susceptibles d'être modifiées dans les places où quelques portions de vielles enceintes non bastionnées font partie des fortifications. Dans ce cas, les corps administratifs et les agens militaires se concerteront sur l'étendue à donner au terrain militaire national, et le résultat de leurs conventions approuvé par le ministre de la guerre, deviendra provisoirement obligatoire pour les particuliers ; lesquels demeureront néanmoins réservés aux indemnités qui pourront leur être dues, et qui seront réglées à l'amiable, s'il se peut, par les départemens, sur l'avis des districts, et en cas de décord, par le tribunal du lieu.

XX. Les terrains militaires nationaux et extérieurs aux places et postes, seront limités et déterminés par des bornes, toutes les fois qu'ils ne se trouveront pas l'être déjà par des limites naturelles, tels que chemins, rivières ou canaux, &c. Dans le cas où le terrain militaire national ne s'étendroit pas à la distance de vingt toises de la crête des parapets des chemins couverts, les bornes qui devront en fixer l'étendue seront portées à cette distance de vingt toises, et les particuliers légitimes possesseurs seront indemnisés, aux frais du trésor public, de la perte du terrain qu'il pourront éprouver par cette opération.

XXI. Dans les postes sans chemins couverts, les bornes qui fixeront l'étendue du terrain militaire national, seront éloignées du parement extérieur de la clôture de 15 à 30 toises, suivant que cela sera jugé nécessaire.

XXII. Tous terrains dépendans des fortifications, qui, sans nuire à leur conservation, seront susceptibles d'être cultivés, ne le seront jamais qu'en nature d'herbages, sans labour quelconque et sans être pâturés, à moins d'une autorisation du ministre de la guerre.

XXIII. Le ministre de la guerre désiguera ceux desdits terrains qui seront susceptibles d'être cultivés, et dont le produit pourra être récolté sans inconvéniens; il indiquera pareillement ceux des fossés, les canaux, flaques ou étangs qui seront susceptibles d'être pêchés. Il adressera les états de ces divers objets aux commissaires des guerres qui, conjointement avec les corps administratifs et de la manière qu'il est prescrit aux articles V, VI, VII, VIII, IX et X du titre VI, les affermeront à l'enchère, en presence des agens militaires qui auront été chargés par le ministre de prescrire les conditions relatives à la conservation des fortifications.

XXIV. Les fermiers de toutes les propriétés nationales dépendans du département de la guerre, seront responsables de toutes les dégradations qui seront reconnues provenir de la faute d'eux ou de leurs agens. Et lorsque le service des fortifications obligera de détériorer par des dépôts de matériaux, ou des emplacemens d'ateliers, ou de toute autre manière, les productions de quelques parties de terrains qui leur seront affermés, l'indemnité à laquelle ils auront droit de prétendre sera estimée par des experts, et il leur sera fait sur le prix de leurs baux, une déduction égale au dédommagement estimé.

XXV. Toutes dégradations faites aux fortifications ou à leurs dépendances, telles que portes, passages d'entrée des villes, barrières, pont-levis, pont-dormans, &c. seront dénoncées par les agens militaires aux officiers civils chargés de la police, lesquels seront tenus de faire droit, suivant les circonstances et les caractères du délit.

XXVI. Nulle personne ne pourra planter des arbres dans le terrain des fortifications, émonder, extirper ou faire abattre ceux qui s'y trouvent plantés, sans une autorisation du ministre de la guerre: ceux desdits arbres qu'il désignera comme inutiles au service militaire, seront vendus à l'enchère, conformément à ce qui est prescrit à l'article XXIII ci-dessus pour l'affermage des terrains.

XXVII. Tous les produits provenant des propriétés nationales dépendant du département de la guerre, seront perçus par les corps administratifs et versé par eux au trésor public, ainsi que cela sera réglé par les lois concernant l'organisation des finances.

XXVIII. Pour assurer la conservation des fortifications et la récolte des fruits des terrains affermés, il est défendu à toutes personnes, sauf aux agens militaires et leurs employés nécessaires, de parcourir les diverses parties desdites fortifications, spécialement leurs parapets et banquettes; n'exceptant de cette disposition que le seul terre-plein du rempart du corps de place et les parties d'esplanade qui ne sont pas en valeur, dont la libre circulation sera permise à tous les habitans, depuis le soleil levé jusqu'à l'heure fixée pour la retraite des citoyens, et laissant aux officiers municipaux, de concert avec l'autorité militaire, le droit de restreindre cette disposition toutes les fois que les circonstances l'exigeront.

XXIX. Il ne sera fait aucun chemin, levée ou chaussée, ni creusé aucun fossé dans l'étendue de cinq cents toises autour des places, et de trois cents toises autour des postes militaires, sans que leur alignement et leur position ayent été concertés avec l'autorité militaire.

XXX. Il ne sera à l'avenir bâti ni reconstruit aucune maison, ni clôture de maçonnerie autour des places de première et seconde classe, même dans leurs avenues et faubourgs, plus près qu'à deux cent cinquante toises de la crête des parapets des chemins couverts les plus avancés : en cas de contravention, ces ouvrages seront démolis aux frais des propriétaires contrevenans. Pourra néanmoins le ministre de la guerre déroger à cette disposition, pour permettre la construction de moulins et autres semblables usines, à une distance moindre que celle prohibée par le présent article, à condition que lesdites usines ne seront composées que d'un rez-de-chaussée, et à charge par les propriétaires de ne recevoir aucune indemnité pour démolition en cas de guerre.

XXXI. Autour des places de première et seconde classe, il sera permis d'élever des bâtimens et clôtures en bois et en terre, sans y employer de pierre ni de briques, même de chaux ni de plâtre, autrement qu'en crépissage, mais seulement à la distance de cent toises de la crête du parapet du chemin couvert le plus avancé, et avec la condition de les démolir, sans indemnité, à la réquisition de l'autorité militaire, dans le cas où la place légalement déclarée en *état de guerre*, seroit menacée d'une hostilité.

XXXII. Autour des places de troisième classe et des postes militaires de toutes les classes, il sera permis d'élever des bâtimens et clôtures de construction quelconque au-delà de la distance de cent toises des crêtes des parapets des chemins couverts les plus avancés, ou des murs de clôture des postes lorsqu'il n'y aura pas de chemins couverts.

Le cas arrivant où ces places et postes seroient déclarés dans l'*état de guerre*, les démolitions qui seroient jugés nécessaires, à la distance de deux cent cinquante toises et au-dessous de la crête des parapets des chemins couverts et des murs de clôture, n'entraîneront aucune indemnité pour les propriétaires.

XXXIII. Les indemnités prévues par les articles XXX, XXXI, et XXXII, seront dues néanmoins aux particuliers, si, lors de la construction de leurs maisons, bâtimens et clôtures, ils étoient éloignés des crêtes des parapets des chemins couverts les plus avancés, de la distance prescrite par les ordonnances.

XXXIV. Les décombres provenant des bâtisses et autres travaux civils et militaires, ne pourront être déposées à une distance moindre de cinq cents toises de la crête des parapets des chemins couverts les plus avancés des places de guerre, si ce n'est dans les lieux indiqués par les agens de l'autorité militaire;

exceptant de cette disposition, ceux des détrimens qui pourroient servir d'engrais aux terres, pour les dépôts desquels les particuliers n'éprouveront aucune gêne, pourvu qu'ils évitent de les entasser.

XXXV. Les écluses dépendant des fortifications, soit dedans, soit dehors des places de guerre de toutes les classes, ne pourront être manœuvrées que par les ordres de l'autorité militaire, laquelle, dans l'état de paix, sera tenue de se concerter avec les municipalités ou les directoires des corps administratifs pour diriger les effets desdites écluses de la manière la plus utile au bien public.

XXXVI. Lorqu'une place sera en *état de guerre*, les inondations qui servent à sa défense ne pourront être tendues ou mises à sec sans un ordre exprès du roi; il en sera de même pour les démolitions des bâtimens ou clôtures qu'il deviendroit nécessaire de détruire pour la défense desdites places, et en général, cette disposition sera suivie pour toutes les opérations qui pourroient porter préjudice au propriétés et jouissances particulières.

XXXVII. Dans le cas d'urgente nécessité, qui ne permettroit pas d'attendre les ordres du roi, le commandant des troupes assemblera le conseil de guerre à l'effet de délibérer sur l'état de la place et la défense de ses environs, et d'autoriser la prompte execution des dispositions nécessaires à sa défense.

XXXVIII. Dans les cas prévus par les articles XXXV, XXXVI et XXXVII ci-dessus, les particuliers dont les propriétés auront été endommagées, seront indemnisés aux frais du trésor public, sauf pour les maisons, bâtimens et clôtures existant à une distance moindre de deux cent cinquante toises de la crête des parapets des chemins couverts.

XXXIX. Dans les places et postes de troisième classe, où il y a des municipalités, il ne sera fourni aucuns fonds par le trésor public, pour l'entretien des ponts, portes et barrières; ces diverses dépenses devant être à la charge des municipalités, si elles désirent conserver lesdits ponts, portes et barrières.

XL. Les municipalités des places et postes de troisième classe pourront, si elles le jugent convenable, supprimer les ponts sur les fossés, et leur substituer des levées en terre, avec des ponceaux pour la circulation des eaux dont lesdits fossés peuvent être remplis, à la charge à elles de déposer dans les magasins militaires les matériaux susceptibles de service, tels que les plombs, les fers et les bois sains provenant de la démolition desdits ponts; et à charge encore de ne pas dégrader les piles et culées de maçonnerie sur lesquelles ces ponts seront portés.

XLI. Il est défendu à tout particulier autre que les agens militaires désignés à cet effet par le ministre de la guerre, d'exécuter aucune opération de topographie sur le terrain à cinq cents toises d'une place de guerre, sans l'aveu de l'autorité militaire. Cette faculté ne pourra être refusée lorsqu'il ne s'agira que d'opérations relatives à l'arpentement des propriétés.

Les contrevenans à cet article, seront arrêtés et jugés conformément aux lois qui seront décrétées sur cet objet dans le code des délits militaires.

SUITE DU TITRE PREMIER.

Des employés des fortifications.

ARTICLE PREMIER.

Tous les employés des fortifications, connus ci-devant sous les noms d'*inspecteurs de casernes*, de *caserniers*, *de fonteniers*, de *citerniers* d'*éclusiers*, de *gardes des fortifications*, *digues*, *lignes*, *épis*, *jetées*, *&c.* seront désignés dorénavant sous les noms de *gardes des fortifications* et d'*éclusiers des fortifications*.

II. Les emplois de gardes et d'éclusiers des fortifications dans les places de premières et secondes classe, ne pourront être donnés qu'à des sujets qui aient été employés six ans au service des fortifications.

III. Nul ne pourra exercer les fonctions de garde et d'éclusier des fortifications, qu'en conséquence de la nomination du roi et d'un brevet de sa majesté.

IV. Les gardes et éclusiers des fortifications seront divisés en quatre classes, quant aux appointemens dont ils doivent jouir,

SAVOIR :

	PAR AN.	ENSEMBLE.
Vingt de la première classe, aux appointemens de. .	720 l.	14,400 l.
Quatre-vingts de la seconde classe, aux appointemens de	540	43,200
Cent vingt de la troisième classe, aux appointemens de	360	43,200
Quatre-vingts de la quatrième classe, aux appointemens de. . . . , .	240	19,200
Trois cents gardes ou éclusiers des fortifications, coûtant ensemble. .		120,000 l.

Cette somme de cent vingt mille livres sera ajoutée annuellement aux fonds destinés à l'entretien des fortifications et des bâtimens militaires qui en dépendent.

V. Les gardes et éclusiers des fortifications ne seront soumis qu'à l'autorité militaire dans tout ce qui dépendra de leurs fonctions, et ils ne recevront d'ordre pour leur service que de ceux des agens de cette autorité, qui leur seront désignés à cet effet par les réglemens militaires.

VI. Les trois cents gardes et éclusiers des fortifications, désignés à l'article IV ci-dessus, seront repartis par le ministre de la guerre, dans les places et postes militaires, suivant les besoins du service, pour y exercer les fonctions qui leur seront assignées par leur brevet.

VII. Les employés actuels des fortifications continueront à exercer leurs fonctions comme ci devant, et ils n'éprouveront aucune réduction sur les traitemens dont ils jouissent. Quant à l'excédent des fonds affectés à la présente organisation sur ceux qui étoient affectés à l'ancienne, il sera réparti par le ministre de la guerre, tant à ceux des anciens employés dont les fonctions seront augmentées, qu'aux gardes et éclusiers des fortifications qui seront créés suivant la nouvelle organisation, soit pour satisfaire aux besoins du service dans les lieux où ils deviennent nécessaires, soit à mesure de l'extinction des emplois.

VIII. Tous les gardes et éclusiers des fortifications d'ancienne ou de nouvelle création, seront tenus de résider dans les lieux de leur service, ainsi que d'y porter l'uniforme qui leur sera affecté : faute de se conformer à cette injonction, il sera nommé à leur emploi.

IX. Les gardes et éclusiers des fortifications recevront un logement en argent ou en nature, au lieu fixé pour leur résidence.

X. Les gardes et éclusiers des fortifications ne pourront exercer aucun emploi ou charge de communauté, dont le service empêcheroit celui qui leur est confié en qualité de gardes et d'éclusiers des fortifications.

XI. Tous priviléges et exemptions, de quelque espèce qu'ils soient, dont ont joui ou pu jouir les employés des fortifications aux entrées des villes sur les objets de consommation, seront et demeureront supprimés, à dater de l'époque de la publication du présent décret.

TITRE II.

Suppression des états-majors des places, et retraites accordées à ceux qui les composent.

ARTICLE PREMIER.

Tous les emplois d'officiers d'état-major des places de guerre, cita-

delle,

delle, châteaux, et autres postes militaires ou ville de l'intérieur, de quelque grade que soient ces officiers, et sous quelque dénomination qu'ils existent, et toutes leurs fonctions, en cette qualité, seront et demeureront supprimés, à dater du premier août de la présente année.

II. Sont également supprimés et compris dans les dispositions du présent décret, les lieutenans de roi militaires des bailliages.

III. Il sera accordé auxdits officiers des retraites, dont la valeur sera déterminée tant en conséquence du traitement dont ils jouissent, que de l'ancienneté de leurs services, ainsi qu'il sera expliqué ci-après.

IV. A l'effet d'évaluer le traitement en retraite dont devra jouir chacun desdits officiers, on prendra pour base le tarif annexé à l'ordonnance du 18 mars 1776.

V. La pension de retraite dont devra jouir chaque officier d'état-major réformé par le présent décret, sera réglée conformément aux dispositions du décret du 3 août 1790, sauf les modifications qui seront ci-après détaillées.

VI. Les officiers des états-majors de place désignés dans l'ordonnance du 18 mars 1776, sous les dénominations de Gouverneurs à charge de résidence, de commandans, de lieutenans-de-roi, de majors-commandans, de majors, d'aide-majors, de sous-aide-majors, et les lieutenans-de-roi militaires des bailliages, qui auront plus de vingt ans de service, tant dans la ligne que dans les fonctions d'officiers d'états-majors, compteront dix ans en sus de leur service effectif, c'est-à-dire, que celui qui n'aura que vingt ans de service en comptera trente; que celui qui n'en aura que trente-cinq en comptera quarante-cinq, et ainsi de suite.

VII. A vingt ans de service, lesdits officiers obtiendront en retraite le quart du traitement attribué à leurs places par l'ordonnance du 18 mars 1776: les trois quarts restans seront partagés en vingt parties, dont il leur en reviendra une pour chaque année de service qu'ils auront au-delà de vingt ans, tellement qu'à quarante ans de services révolus, ils auront en retraite la totalité de leur traitement actuel.

VIII. Quant à ceux qui ont moins de vingt ans de service, leur retraite sera réglée ainsi qu'il suit: à dix ans de service, leur retraite sera d'un huitième ou de dix quatre-vingtièmes de leur traitement actuel; pour chaque année de service, de dix ans jusqu'à vingt, il leur sera accordé un quatre-vingtième du même traitement; en sorte qu'à vingt ans de service, il leur reviendra vingt quatre-vingtièmes ou le quart dudit traitement, conformément à l'article précédent.

IX. Ceux desdits officiers qui ont le grade de maréchal-de-camp, seront traités comme l'ont été les autres officiers généraux en activité qui ont obtenu des pensions de retraite.

X. Tout officier d'état-major de place qui aura perdu un membre à la guerre, aura en retraite le montant du traitement total dont il jouit.

XI. Les officiers retirés à la suite des places, payés de leurs retraites sur les revues de commissaires, et qui avoient obtenu des logemens dans les places à la suite desquelles ils étoient retirés, conserveront lesdits logemens, soit en nature, soit en argent, conformément à leur grade.

XII. Tout officier d'état-major de place sera libre de demander que son traitement en retraite soit réglé d'après le grade qu'il avoit en activité dans la ligne, s'il croit y trouver quelqu'avantage, et l'on ne pourra le lui refuser.

XIII. Les officiers d'état-major de place n'entreront en jouissance des retraites qui leur sont accordées par le present décret, qu'au 1er. d'août 1791; en conséquence, ils continueront à jouir de leur traitement actuel jusqu'audit jour exclusivement.

XIV. Les officiers pourvus de provisions ou de commissions en adjonction ou en survivance des officiers actuels des états-majors de place, conserveront les traitemens dont ils jouissent, jusqu'à la mort des titulaires.

XV. En cas de mort des titulaires, lesdits adjoints ou survivanciers perdront les traitemens dont ils jouissent, et seront substitués aux droits des titulaires ; en conséquence, leur nouveau traitement en retraite sera calculé d'après celui affecté à l'emploi dont ils ont la survivance ou l'adjonction, et conformément aux règles prescrites par le présent décret. Dans l'évaluation de leur service, ils compteront leur temps de survivancier ou d'adjoint, comme s'ils avoient été en activité dans la ligne.

XVI. Les officiers qui, lorsqu'ils ont obtenu des emplois dans les états-majors des places, avoient depuis dix ans le grade de lieutenans-colonels, recevront le brevet de maréchal-de-camp, conformément aux décrets des 15 février et 3 mars 1791; quant à ceux qui, lorsqu'ils sont entrés dans les états-majors des places, n'étoient pas lieutenans-colonels depuis dix ans, il leur sera tenu compte, pour obtenir le brevet de maréchal-de-camp, de leurs services dans lesdits états-majors, à raison de neuf mois pour chaque année qu'ils auront passées dans ce dernier service.

XVII. Les officiers des états-majors de place qui n'ont pas plus de cinquante ans d'âge, et ceux d'entre eux qui sont officiers généraux, seront susceptibles d'être employés en activité dans le même grade qu'ils avoient dans la ligne ou dans le grade immédiatement supérieur, moyennant qu'ils soient pourvus de ce premier depuis plus de deux ans. Dans le cas de leur remplacement, ils cessesont de jouir de la pension de retraite qui leur est attribuée par le présent décret.

XVIII. Ceux des officiers des états-majors de place, qui, depuis l'époque du 14 juillet 1789, ont été privés, soit en totalité, soit en partie, des émolumens qui leur étoient affectés par les ordonnances, seront indemnisés jusqu'au jour de leur réforme, d'après l'évaluation qui en sera faite et constatée; ils seront de plus payés de tout ce qui leur sera dû d'arriéré sur leur traitement: lesdites indemnités et paiemens seront fournis par les fonds de la guerre.

XIX. Les corps et officiers civils qui avoient le privilége d'exercer les fonctions d'officiers d'états-majors de place, les cesseront à dater du premier août 1791.

XX. Les dispositions précédentes, et toutes autres du présent décret, ne concernent point les colonies françoises hors d'Europe, l'assemblée nationale se réservant de prononcer ultérieurement sur le régime auquel elles devront être soumises.

TITRE III.

Du commandement et du service des troupes en garnison ; des rapports entre le pouvoir civil et l'autorité militaire, ainsi qu'entre les gardes nationales et les troupes de ligne dans les places de guerre, postes militaires et garnison de l'intérieur.

ARTICLE PREMIER.

Le service que faisoient les officiers des états-majors des places, sera rempli par les officiers de la ligne, conformément à ce qui sera prescrit à cet égard par les réglemens militaires ; quant au commandement des troupes en garnison, il sera décerné, ainsi qu'il sera expliqué ci-après.

II. Il sera formé des divisions ou

arrondissemens comprenant un certain nombre de places, postes ou garnisons. Dans l'un de ces points pris pour chef-lieu, résidera un officier général chargé de surveiller et de maintenir l'ordre et l'uniformité du service dans toutes les places, postes et garnisons de son arrondissement.

III. Dans chaque garnison de place de guerre, poste militaire ou ville de l'intérieur, le commandement des troupes sera dévolu, sous les ordres de l'officier général, chef de l'arrondissement, à celui des officiers employés en activité dans ladite garnison, qui se trouvera le plus ancien dans le grade le plus élevé, sans distinction d'armes.

IV. Dans les places de guerre qui auront des citadelles ou châteaux, ainsi que des forts détachés, dépendant du système militaire de ces places, le commandant militaire de la place le sera également des citadelles, forts et châteaux qui en dépendent.

V. Le commandant sera pris, conformément à l'article III ci-dessus, parmi tous les officiers composant les garnisons particulières desdites places, citadelles et dépendances, et sera tenu de faire son domicile habituel dans la place.

VI. Dans les citadelles, forts et châteaux dépendant d'une place de guerre, il y aura des commandans particuliers subordonnés au commandant de la place.

VII. Ces commandans particuliers seront pris chacun dans leurs garnisons respectives, conformément à l'article III ci-dessus.

VIII. Nul officier général ne pourra exercer l'autorité militaire dans les places, postes ou garnisons de son arrondissement, que préalablement il n'ait fait enregistrer ses lettres de service au directoire de chacun des départemens compris dans son arrondissement.

IX. Dans chaque arrondissement l'officier général commandant, chargé de tenir la main à l'exécution des réglemens militaires, sera de plus obligé de se concerter avec toutes les autorités civiles, à l'effet de procurer l'exécution de toutes les mesures ou précautions qu'elles auront pu prendre pour le maintien de la tranquillité publique, ou pour l'observation des lois, ainsi que d'obtempérer à leurs réquisitions, toutes les fois qu'elles seront dans le cas prévu par les lois.

X. Nul officier ne pourra prendre ou quitter le commandement des troupes dans une place, qu'après l'avoir notifié au corps municipal.

XI. Seront tenus à la même formalité les officiers en résidence dans les places, et y faisant fonctions de chefs dans leurs parties respectives, tels qu'officiers du génie, de l'artillerie et les commissaires des guerres. La même notification sera faite par eux aux autres corps administratifs, s'il existe entre ces corps et ces officiers quelques relations pour le service public.

XII. Tout officier auquel le commandement sera dévolu par son grade et par son ancienneté, ne pourra refuser de l'exercer.

XIII. Les commandans particuliers se conformeront dans leur places respectives, à ce qui est prescrit, article IX du présent titre, pour l'officier général, commandant dans l'arrondissement, ainsi qu'aux ordres qu'ils recevront dudit officier général.

XIV. Dans tous les objets qui ne concerneront que le service purement militaire, tels que la défense de la place, la garde et la conservation de tous les établissemens et effets militaires, comme hôpitaux, arsenaux, casernes, magasins, prisons, vivres, effets d'artillerie ou de fortifications & autres bâtimens, effets ou fournitures à l'usage des troupes, la police des quartiers, la tenue, la discipline et l'instruction des troupes, l'autorité militaire sera absolument indépendante du pouvoir civil.

XV. Il ne pourra être préjugé de

l'article précédent, ni de tous autres du présent décret, que, dans aucuns cas, les terrains, bâtimens et établissemens confiés à la surveillance de l'autorité militaire, puissent devenir des lieux d'exception ou d'asyle, et soustraire le crime, la licence, les délits ou les abus à la poursuite des tribunaux, l'action des loix devant être également libre et puissante dans tous les lieux sur tous les individus, et nul ne pouvant sans forfaiture, pour aucun cas civil ou criminel, se prévaloir de son emploi et de ses fonctions dans la société, pour suspendre ou détruire l'effet des institutions qui la gouvernent.

XVI. Dans toutes les circonstances qui intéresseront la police, l'ordre, la tranquillité intérieure des place, et où la participation des troupes seroit jugée nécessaire, le commandant militaire n'agira que d'après la réquisition par écrit des officiers civils, et, autant que faire se pourra, qu'après s'être concerté avec eux.

XVII. En conséquence, lorsqu'il s'agira, soit de dispositions passagères, soit de mesures de précautions permanentes, telles que patrouilles régulières, détachemens pour le maintien de l'ordre ou de l'exécution des loix, police des foires, marchés, ou autres lieux publics, etc., les officiers civils remettront au commandant militaire une réquisition signée d'eux, dont les divers objets seront clairement expliqués et détaillés, et dans laquelle ils désigneront l'étendue de surveillance qu'ils croiront nécessaires; après quoi l'exécution de ces dispositions, et toutes mesures capables de la procurer, telles que consignes, placemens des sentinelles, bivouacs, conduite et direction des patrouilles, emplacemens des gardes et des détachemens, choix des troupes et des armes, et tous autres modes d'exécution seront laissés à la discrétion du commandant militaire qui en sera responsable, jusqu'à ce qu'il lui ait été notifié par les officiers civils que ces soins ne sont plus nécessaires, ou qu'ils doivent prendre une autre direction.

XVIII. La force des garnisons sera réglée de manière à ce que, dans le cas du service ordinaire, chaque soldat d'infanterie ait huit nuits de repos et jamais moins de six, et chaque homme de troupe à cheval, douze nuits de repos et jamais moins de dix.

XIX. Nulle troupe ne pourra être changée de la garnison qui lui aura été affectée par le roi, que par un ordre contraire de sa majesté ou dans les cas urgens, par ceux des agens de l'autorité militaire auxquels le roi en aura délégué la faculté.

XX. Nulles dispositions de police ne seront obligatoires pour les citoyens et pour les troupes, qu'autant qu'elles auront été préalablement publiées; elles seront même affichées si leur importance ou leur durée l'exige. Les publications et affiches seront faites par les municipalités, et les frais en seront supportés par elles.

XXI. Pour faciliter le service des places, il y aura cinquante officiers qui, sous le nom d'*adjudans de place*, seront distribués dans les forteresses les plus considérables, au nombre de deux au plus par chaque place. Trente de ces officiers auront le grade de capitaine, et seront partagés en deux classes. Quant à leurs appointemens, les quinze plus anciens, auront deux mille quatre cents livres, et les quinze moins anciens, dix-huit cents livres, par an; les vingt autres adjudans de place auront le grade de lieutenans et douze cents livres d'appointemens par an; les uns et les autres, pour cette première formation, seront choisis parmi les officiers des états majors de place actuellement existans.

XXII. En cas de mort, retraite ou démission desdits adjudans de place, ils seront remplacés par des officiers choisis dans la ligne. Les lieutenans en activité dans la ligne ne pourront être faits adjudans de place avec brevet de capitaine, qu'autant qu'ils seroient parvenus par les grades et qu'ils auroient dix ans de service de lieutenant. Les adjudans de place lieutenans, seront susceptibles d'être faits adjudans-capitaines au choix du roi, après deux ans d'exercice comme adjudans-lieutenans.

XXIII. Dans chaque place de guerre où il y aura garnison habituelle, à l'exception des citadelles et autres postes militaires qui n'ont point de municipalités, et dans les principales garnisons de l'intérieur, il y aura un secrétariat militaire où seront déposés les décrets et reglemens concernant l'armée; et en originaux, les ordres, consignes, réquisitions et autres objets de ce genre relatifs au service de la place.

XXIV. La garde et le soin de ce secrétariat seront confiés à un secrétaire-écrivain nommé par le roi, et assermenté par-devant le commissaires des guerres.

XXV. Autant que faire se pourra, l'emploi de secrétaire-écrivain ne sera donné qu'à des sujets qui auront été sous-officiers dans les troupes de ligne.

XXVI. Ces secrétaires-écrivans ne recevront des ordres, quant à leur service, que de l'autorité militaire, et pour tous les objets qui n'intéresseront que le service, ils ne seront justiciables que des tribunaux militaires.

XXVII. Les secrétaires-écrivains jouiront d'appointemens proportionnés à l'étendue des fonctions qu'ils auront à remplir dans les places, postes ou garnisons auxquelles ils seront attachés.

XXVIII. En conséquence, ils seront répartis, quant aux appointemens, en trois classes, ainsi qu'il suit;

SAVOIR:

Vingt de première classe, aux appointemens de neuf cents livres, dix-huit mille.

livres, ci................ 18,000 l.

Quarante de seconde classe, aux appointemens de six cents livres, vingt-quatre mille livres, ci... 24,000

Soixante de troisième classe, aux appointemens de quatre cents cinquante livres, vingt-sept mille livres, ci............... 27,000

Cent vingt secrétaires écrivains, coûtant ensemble, par an, la somme de soixante-neuf mille livres, ci..................... 69,000 l.

XXIX. Il sera désigné dans les bâtimens militaires de chaque place, un emplacement suffisant pour le secrétariat et le logement du sécrétaire-écrivain.

XXX. Lorsqu'une troupe arrivera dans une place, elle ne pourra prendre possession des logemens qui lui seront destinés qu'après que le commissaire des guerres aura fait publier les bans à ladite troupe, en sa présence, par le secrétaire-écrivain.

XXXI. Ces bans rappelleront non-seulement les loix générales de police et de discipline, mais encore celles particulières à la place.

XXXII. Les officiers municipaux seront tenus de donner connoissance de ces bans aux habitans de la place.

XXXIII. Le plus ancien des régimens d'infanterie françoise qui se trouveront en garnison avec des régimens d'infanterie étrangère, prendra toujours le rang sur ces derniers. Les autres régimens d'infanterie françoise et étrangère, dans la même garnison, prendront ensuite rang entr'eux selon la date de leur création.

XXXIV. Ne seront réputés régimens d'infanterie étrangère, que ceux qui en vertu de traités, seront fournis ou avoués par une puissance étrangère : lorsque lesdits régimens se trouveront en garnison avec des régimens d'infanterie françoise, le commandement militaire de la garnison appartiendra, à grade égal, à l'officier des troupes françoises, quelle que soit son ancienneté dans ce grade.

XXXV. Dans tous les cas où les gardes nationales serviront avec les troupes de ligne, les gardes nationales prendront le rang sur toutes les troupes de ligne.

XXXVI. Lorsque les gardes nationales serviront avec les troupes de ligne, l'honneur du rang qui est réservé aux premières, n'empêchera pas que le commandement général ne soit déféré à l'officier le plus ancien dans le grade le plus élevé desdites troupes de ligne.

XXXVII. Toutes les fois que les gardes nationales seront mises en activité, elles ne pourront être rassemblées qu'au préalable les officiers civils n'en aient averti le commandant militaire.

XXXVIII. Les commandans militaires dans les places où les gardes nationales feront le service, demanderont à qui il appartiendra, le nombre d'officiers et de soldats desdites gardes nationales nécessaires au service militaire ; mais lesdits commandans ne pourront s'ingérer dans le détail des officiers, sous-officiers, et gardes nationales qui devront marcher, toutes les difficultés de ce genre devant être portées à la décision de leurs officiers supérieurs ou des municipalités, selon ce qui sera réglé à cet égard, par le décret concernant l'organisation des gardes nationales.

XXXIX. Lorsque les gardes nationales feront le service militaire, les honneurs militaires se rendront réciproquement entr'elles et les troupes de ligne, suivant ce qui sera réglé pour ces dernières.

XL. Les honneurs militaires étant dans l'armée un acte de discipline, un signe extérieur destiné à rappeler et à conserver sans cesse parmi les troupes, la soumission à l'autorité légitime, la considération nénessaire pour les chefs, et le respect pour les objets du service, seront, par ces même raisons, accordés hors du corps militaire, à titre d'honneur ou de distinction publique, aux objets du culte, à la personne du roi, à celle de l'héritier présomptif du trône, lorsqu'il aura atteint l'âge de majorité fixé par les loix; dans le cas de minorité du roi, au régent du royaume, aux corps administratifs, judiciaires et municipaux; aux officiers municipaux individuellement pris, lorsque, revêtus du signe distinctif de leurs places, ils seront dans l'exercice de leurs fonctions; et aux princes régnans, ainsi qu'à leurs ambassadeurs ou ministres, lorsque le roi aura spécialement donné des ordres à cet effet.

XLI. Les honneurs qui se rendront aux corps et aux individus agens du pouvoir civil seront, savoir; pour les corps administratifs, judiciaires et municipaux, les mêmes qui seront affectés aux maréchaux-de-camp employés; et pour les officiers municipaux individuellement pris, les mêmes que pour les capitaines.

XLII. Les fonctions de la gendarmerie nationale étant essentiellement distinctes du service purement militaire des troupes en garnison, la gendarmerie nationale ne sera jamais regardée comme portion de la garnison des places dans lesquelles elle sera répartie.

XLIII. En conséquence de la disposition précédente, les officiers de la gendarmerie nationale ne concourront point au commandement militaire dans les places.

XLIV. Dans les places de guerre et postes militaires, l'ordre et le mot seront toujours donnés par le commandant militaire; et dans le cas où les gardes nationales feront quelque service dans la place, le mot sera porté par l'officier ou le sous-officiers des gardes nationales qui l'aura reçu à l'ordre, au principal officier municipal ou au commandant des gardes nationales, selon ce qui sera réglé à cet égard par le décret d'organisation des gardes nationales.

XLV. Dans les garnisons de l'intérieur et dans tous les lieux qui ne seront ni places de guerre, ni postes militaires, lorsque les troupes de ligne seront requises pour faire le service conjointement avec les gardes nationales, ou que lesdites troupes de ligne en seront chargées seules, le commandement, l'ordre et le mot seront donnés conformément à ce qui est prescrit aux articles ci-dessus.

XLVI. Mais lorsque dans les villes ou autres lieux qui ne sont ni places de guerre, ni postes militaires, les gardes nationales seront seules chargées de la garde et de la police desdits lieux, sans participation des troupes de ligne, alors le mot sera, selon l'usage, composé de deux autres mots, dont le premier sera donné par le principal officier municipal ou par le commandant des troupes nationales, selon ce qui sera ultérieurement réglé, et le second, par le commandant des troupes de ligne.

XLVII. Dans les places de guerre et postes militaires en état de paix, et dans les garnisons de l'intérieur, lorsque les autorités civiles et militaires seront dans le cas de faire battre la générale, ou sonner le boute-selle pour le rassemblement des gardes nationales ou des troupes de ligne, elles devront, au préalable, s'en prévenir réciproquement, sauf le cas de surprise, d'incendie ou d'inondation.

XLVIII. Les clés de toutes les portes, poternes, vannages, aqueducs et autres ouvertures qui donnent entrée dans les places de guerre ou postes militaires, seront toujours confiées au commandant militaire.

XLIX. Et cependant, pour la facilité du commerce et la commodité des habitans et voyageurs, il y aura dans chaque place et poste de guerre, un certain nombre de portes par lesquelles la communication du dedans au dehors, et du dehors au dedans, pourra se faire, *dans l'état de paix*, à toutes les heures de la nuit, comme de jour. Les officiers civils et commandant militaire se concerteront sur celles desdites portes qui seront affectées à cette destination, sur les formalités à remplir et les précautions à prendre pour éviter les abus : l'exécution de ces dispositions appartiendra toujours au commandant militaire.

L. Lorsque les circonstances exigeront une surveillance plus particulières de la part des officiers civils et militaires, il pourra y avoir à chaque porte des places de guerre, un préposé choisi par la municipalité, lequel sera chargé de recevoir de tous particuliers arrivant dans la place, la déclaration de leurs noms et qualités, ainsi que de l'auberge ou maison particulière dans laquelle ils se proposeront de loger. Ces renseignemens seront porté aux officiers municipaux, et le commandant militaire pourra ordonner aux commandans des gardes des portes, de faire assister un sous-officier aux déclarations qui seront faites par lesdits particuliers arrivant dans la place, et de lui en rendre compte.

LI. Tout particulier qui sera arrêté pour fait de désordre, de contraventions aux lois ou à la police, sera remis sans délai, le citoyen à la police civile, le militaire à la police militaire, pour être chacun, suivant les circonstances et la nature du délit, renvoyé aux tribunaux civils ou militaires.

LII. Toutes femmes ou filles notoirement connues pour mener une vie débauchée, qui seront surprises avec les soldats dans leurs quartiers, lorsqu'ils seront de service, ou après la retraite militaire, seront arrêtées et remises sans délai à la police civile, pour être jugées conformément aux lois.

LIII. Les prisons militaires, autant qu'il sera possible, seront toujours séparées des prisons civiles.

LIV. Le commandant d'une troupe en marche sera tenu d'informer la municipalité du lieu où couchera sa troupe, de l'heure à laquelle il la fera partir le lendemain. Une heure après son départ, les citoyens ne pourront plus porter de plainte contre elle; et si, pendant ce temps, il n'y en a aucunes de portées, la municipalité ne pourra refuser un certificat de bien vivre à l'officier de ladite troupe qui aura dû rester à cet effet.

LV. Toute troupe en marche ou prête à marcher, en conséquence d'un ordre du roi, ne pourra, soit en totalité, soit en partie, être détournée de sa destination que par un ordre contraire du roi, ou de ceux auquel il en aura délégué la faculté.

LVI. Aucun corps administratif ne pourra disposer des munitions de guerre, subsistances, et d'aucunes espèces d'effets, armes ou fournitures confiées au département de la guerre, ni changer leur destination, ni empêcher leur transport légalement ordonné, qu'en vertu d'une atorisation expresse du pouvoir exécutif.

LVII. Les fonds affectés au département de la guerre, étant à la seule disposition du ministre, sous sa responsabilité, les corps administratifs ne pourront, dans aucun cas, disposer des fonds versés entre les mains des trésoriers du département de la guerre, ni ordonner aucune dépense sur lesdits fonds.

LVIII. Nul officier en activité ne sera tenu de payer sa part des impositions directes et personnelles dans sa garnison, qu'autant qu'elle seroit en même temps le lieu de son domicile habituel ou de ses propriétés.

LIX. Tous les émolumens accordés par les anciennes ordonnances militaires aux officiers, de quelque grade et arme qu'ils puissent être, sont et demeureront supprimés.

LX. Tout militaire en activité ne pourra porter d'autre habit que son uniforme dans les lieux de son service.

LXI. Les officiers, les sous-officiers, & les soldats, ne pourront donner des repas de corps, ni en recevoir, sous quelque prétexte & de quelque part que ce soit.

LXII. Il ne pourra être fait aucune retenue sur les appointemens des officiers, sous-officiers & soldats, sous prétexte de dépenses de corps, de quelque nature qu'elles soient, excepte celles qui seroient destinés à payer les dégradations commises par les troupes dans leur logement, ou toutes autres indemnités dues, soit à l'état, soit aux particuliers, pour réparations de dommages, désordres ou excès commis par lesdites troupes.

LXIII. Tout militaire en activité qui, étant majeur, aura contracté des engagemens pécuniaires par lettres de change, ou par toute autre espece d'obligation, emportant la contrainte par corps, & qui s'étant laissé poursuivre pour le paiement de semblables dettes, aura, par jugement définitif, été condamné par corps, ne pourra rester au service, si, dans le délai de deux mois, il ne satisfait pas à ses engagemens; dans ce cas, la sentence portée contre lui équivaudra, après le délai de deux mois, à une démission précise de son emploi.

LXIV. Les actions résultant d'obligations contractées par un militaire en activité, ne pourront être poursuivies que pardevant les magistrats civils, et seront par eux jugées conformément aux lois civiles, sans que les officiers ni les juges militaires puissent en prendre connoissance, si ce n'est à l'armée et hors du royaume, sans qu'ils puissent non plus apporter aucun obstacle, soit à la poursuite, soit à l'exécution du jugement.

LXV. Ne pourront être compris dans les saisies et ventes qui auront lieu en exécution des jugemens rendus contre des militaires en activité, leurs armes et chevaux d'ordonnance, ni leurs livres et instrumens de service, ni les parties de leur habillement et équipement, dont les ordonnances imposent à tous militaires la nécessité d'être pourvus. Leurs appointemens ne pourront non plus être saisis que pour ce qui en excédera la somme de 600 livres, laquelle leur demeurera réservée, sans préjudice au créanciers à exercer leurs droits sur les autres biens, meubles et immeubles de leur débiteur, suivant les règles et les formes prescrites par la loi.

TITRE IV.

Des bâtimens et établissemens militaires, meubles, effets, fournitures et ustensiles qui en dépendent, tant dans les places de guerre et postes militaires, que dans les garnisons de l'intérieur.

ARTICLE PREMIER.

Tous les établissemens et logemens militaires, ainsi que leurs ameublemens et ustensiles actuellement existant dans lesdits logemens et établissemens, ou en magasin, soit que ces divers objets appartiennent à l'état, ou aux ci-devant provinces et aux villes, tous les terrains et emplacemens militaires, tels que esplanades, manèges, poligones, etc., dont l'état est légitime propriétaire, seront considérés désormais comme propriétés nationales, et confiés en cette qualité au ministre de la guerre, pour en assurer la conservation et l'entretien.

II. Ne seront point compris dans l'article précédent, les batimens et emplacemens que le ministre de la guerre ne jugeroit pas nécessaires au service de l'armée, lesquels seront dans ce cas remis aux corps administratifs, pour faire partie des propriétés nationales aliénables, s'ils appartenoient ci-devant à l'état; et dans le cas où ils auroient appartenu aux ci-devant provinces ou aux villes, elles continueront d'en être propriétaires.

III. Il sera dressé des procès verbaux de tous les terrains, batimens et établissemens conservés pour le service de l'armée, ainsi que des ameublemens, effets et fournitures qu'ils contiennent, soit qu'ils appartiennent actuellement à l'état, soit qu'ils appartiennent aux ci-devant provinces ou aux villes. Une expédition desdits procès verbaux sera déposée au département de la guerre, une autre sera remise au directoire des départemens dans lesquels se trouvent les objets ci-dessus mentionnés, et bornée pour chaque département à ce qui le concerne, et la troisième expédition sera déposée dans les secrétariats militaires des différentes places. Celle-ci sera bornée, pour chaque place en particulier, aux objets renfermés dans ladite place, ou qui en sont dépendans.

IV. Au moyen de ce qui précède, les dépenses d'entretien, réparations, constructions ou augmentations de bâtimens, renouvellement d'effets et fournitures concernant le service de l'armée qui, jusqu'à ce moment, avoient été supportées par les ci-devant provinces et par les villes, cesseront d'être à leur charge, du jour de la remise qui en sera faite; lesdites dépenses devant, à compter de ce même jour, être supportées par la partie du trésor public affectée au département de la guerre.

V. Le ministre de la guerre devenant responsable du bon emploi et de la conservation des établissemens et bâtimens militaires, et des effets qu'ils renferment ou qui en sont dépendans, les corps administratifs ne pourront, dans aucun cas, en disposer ni s'immiscer dans leur manutention, d'une autre manière que celle indiquée par le présent décret.

VI. Dans les places et garnisons qui manquent de bâtimens militaires, le ministre de la guerre désignera ceux des bâtimens nationnaux qui peuvent y suppléer, afin que, s'il y a lieu, il soit sursis à leur aliénation, et que, par l'assemblée nationale, ils puissent être déclarés affectés au département de la guerre, comme bâtimens militaires.

VII. Toutes les fois qu'nn terrain appartenant à une municipalité ou à quelque particulier, sera nécessaire pour un établissement militaire, le département de la guerre en fera l'acquisition de gré à gré; et dans le cas où le propriétaire refuseroit de céder sa propriété, les directoires des corps administratifs seront consultés et chargés de l'estimation de l'objet demandé.

TITRE CINQUIEME.

Du logement des troupes.

ARTICLE PREMIER.

Les bâtimens et établissemens militaires dont la remise aura été faite au département de la guerre, ne pourront être affectés qu'au logement des troupes, des employés attachés à l'administration de la guerre, et à contenir ou conserver les munitions, subsistances ou effets militaires.

II. Dans aucune place de guerre, poste militaire ou ville de l'intérieur, les municipalités ne pourront être tenues de fournir ni logement ni emplacement, ni magasins pour l'usage des troupes, qu'autant que ceux actuellement existant ne seroient pas suffisans.

III. Il sera remis aux municipalités de tous les lieux où se trouveront des bâtimens militaires conservés, un état détaillé des logemens que ces bâtimens renferment, afin que lesdites municipalités puissent toujours connoître si les logemens qui leur seront demandés, sont proportionnés aux besoins réels du service.

IV. Dans les places de guerre, postes militaires et villes de garnison habituelle de l'intérieur, il sera fait par les officiers municipaux un recensement de tous les logemens et établissemens qu'ils peuvent fournir, sans fouler les habitans, à l'effet d'y avoir recours au besoin, et momentanément, soit dans le cas de passage de troupes, soit dans les circonstances extraordinaires, lorsque les établissemens militaires ne suffiront pas.

V. Lorsqu'il y aura nécessité de

loger chez les habitans les troupes qui devront tenir garnison, si leur séjour doit s'étendre à la durée d'un mois, les seuls logemens des sous-officiers et soldats, et les écuries pour les chevaux seront fournis en nature; à l'égard des officiers, ils ne pourront prétendre à des billets de logement pour plus de trois nuits; et ce terme expiré, ils se logeront de gré à gré chez les habitans, au moyen de la somme qui leur sera payée suivant leur grade, ainsi qu'il sera décrété par l'assemblée nationale.

VI. Les municipalités veilleront à ce que les habitans n'abusent point dans le prix des loyers, du besoin de logement où se trouveront les officiers.

VII. Toutes les fois qu'il sera pourvu à l'établissement du logement d'une troupe, excepté le cas de passage, le logement des sous-officiers et soldats, et les fournitures d'écuries pour les chevaux, seront faits au complet et non à l'effectif.

VIII. Faute de bâtimens affectés au logement des troupes destinées à tenir garnison dans un lieu quelconque, il y sera pourvu, autant que faire se pourra, en établissant lesdites troupes dans des maisons vides et convenables, et il y sera en outre fourni aux troupes à cheval des écuries suffisantes pour leurs chevaux. Ces maisons et écuries seront choisies et louées par les commissaires des guerres, qui seront autorisés à requérir les soins et l'intervention des municipalités, pour leur faciliter l'établissement des logemens dont ils seront chargés ; de plus, les agens militaires désignés à cet effet par les réglemens, feront, en présence d'un ou de plusieurs officiers municipaux, la reconnoissance des maisons et écuries qui seront louées, afin de constater l'état dans lequel elles se trouveront, et afin de pouvoir, au départ des troupes, estimer, s'il y a lieu, les indemnités dues aux propriétaires, pour les dégradations qu'auroient éprouvées lesdites maisons et écuries.

IX. Dans le cas de marche ordinaires, de mouvemens imprévus, et dans tous ceux où il ne pourra être fourni aux troupes des logemens isolés, tels qu'ils ont été indiqués dans l'article VIII précédent, les troupes seront logées chez les habitans, sans distinction de personnes, quelles que soient leurs fonctions et leurs qualités, à l'exception des dépositaires de caisses pour le service public, lesquels ne seront point obligés de fournir de logement dans les maisons qui renferment lesdites caisses, mais seront tenus d'y suppléer, soit en fournissant des logemens en nature chez d'autres habitans avec lesquels ils s'arrangeront à cet effet, soit par une contribution proportionnée à leurs facultés, et agréée par les municipalités. La même exception aura lieu, et à la même condition, en faveur des veuves et des filles, et les municipalités veilleront à ce que la charge du logement ne tombe pas toujours sur les mêmes individus, et que chacun y soit soumis à son tour.

X. Les troupes seront responsables des bâtimens qu'elles occuperont, ainsi que des écuries qui leur seront fournies pour leurs chevaux.

XI. L'assemblée nationale statuera ultérieurement sur la somme à attribuer à chaque officier ou employé de l'armée, selon son grade et son emploi, pour lui tenir lieu du logement qui ne pourra lui être fourni en nature dans les établissemens militaires.

XII. Nul officier en garnison ne recevra un logement en argent, qu'autant qu'il ne pourroit lui être fourni un logement en nature dans les bâtimens militaires ; en conséquence, à l'époque du départ des sémestriers, les logemens qu'ils laisseront vacans dans lesdits batimens, seront remplis par ceux qui devront passer l'hiver à la garnison.

XIII. Lorsque les officiers des troupes de ligne recevront leur logement en argent, il ne leur en sera fait le décompte que pour le temps qu'ils seront présens au corps; quant aux officiers en résidence, tels que ceux du génie, de l'artillerie et les commissaires des guerres, ils recevront leur logement, absens comme présens, tout le temps qu'ils seront employés dans une place.

XIV. Il sera tenu compte sur les fonds de la guerre, aux officiers de tout grade, auxquels les ordonnances affectoient des logemens en argent, des sommes dont ils n'ont pas été payés sur lesdits logemens, pendant les années 1789 et 1790. Cette indemnité ne sera accordée que pour les logemens dont ont dû jouir lesdits officiers dans le lieu de leur résidence militaire.

XV. Les officiers dans leur garnison ou résidence, et les employés de l'armée dans leur résidence, ne logeront point les gens de guerre dans le logement militaire qui leur sera fourni en nature; et lorsqu'ils recevront leur logement en argent, ils ne seront tenus à fournir le logement aux troupes, qu'autant que celui qu'ils occuperont excédera la proportion affectée à leur grade ou à leur emploi. Quant aux officiers en garnison dans le lieu de leur habitation ordinaire, ils seront tenus à fournir le logement dans leur domicile propre, comme tous les autres habitans.

TITRE VI.

Administration des travaux militaires.

ARTICLE PREMIER.

Les fonds destinés à l'augmentation, à l'entretien et aux reparations des fortifications, ainsi que des bâtimens et établissemens militaires quelconques, dans les places de guerre, postes militaires et garnisons de l'intérieur, seront dorénavant fournis en entier par la partie du trésor public affectée au département de la guerre; en conséquence, les départemens et les villes seront déchargés de toute imposition ou contribution particulière relative à cet objet.

II. Le ministre de la guerre répartira entre les différentes places, postes militaires et garnisons de l'intérieur, selon leur classe et selon leurs besoins, les fonds accordés au département de la guerre, pour les travaux militaires.

III. Tous les travaux de construction, entretien ou réparation des fortifications, bâtimens et établissemens militaires quelconques, et de tout ce qui en dépend, seront faits par entreprise d'après une adjudication au rabais: cette adjudication ne sera jamais passée en masse, mais elle comprendra le détail des prix affectés à chaque nature d'ouvrage et de matériaux qui seront employés.

IV. Lorsqu'il s'agira de passer le marché pour des travaux militaires, le ministre adressera au commissaire des guerres,

1°. L'ordre de procéder à l'adjudication.

2°. Un état par aperçu des travaux à exécuter pendant la durée du marché.

3°. Les devis et conditions qui auront été fournis par les agens militaires préposés à cet effet.

V. Suivant que les travaux, objet du marché, intéresseront toute l'étendue d'un département, ou seulement celle d'un district, ou enfin qu'ils se borneront à l'étendue d'une municipalité, le commissaire des guerres informera le directoire du département ou celui du district, ou les officiers municipaux, des ordres qu'il aura reçus, et les requerra de procéder dans un délai dont ils conviendront, à l'adjudication du marché.

VI. D'après l'epoque convenue entre les corps administratifs et le commissaire des guerres, celui-ci fera poser dans la place et dans les lieux circonvoisins, des affiches signées de lui, et indicatives de l'objet, de la durée du devis et des conditions du marché, ainsi que du jour et du lieu où il sera passé, de maniere à ce que les particuliers puissent être informés à temps et se mettre en état de concourir à l'adjudication qui sera faite.

VII. Le commissaire des guerres sera tenu de donner à ceux qui se présenteront à cet effet, connoissance des devis et conditions du marché, et tous autres renseignemens qui dépendront de lui. On pourra pour se procurer les mêmes indications, s'adresser au secrétariat du département du district ou de la municipalité.

VIII. Le jour fixé pour l'adjudication, les membres du directoire du département ou de celui du district, ou de la municipalité, conformément

formément à l'article V ci-dessus, se rendront, ainsi que le commissaire des guerres, au lieu d'assemblée de celui desdits corps administratifs par-devant lequel devra se passer le marché; et là, en leur présence et celle des agens militaires préposés à cet effet par le ministre de la guerre, l'adjudication sera faite par le commissaire des guerres au rabais, publiquement, et passée à celui qui fera les meilleures conditions, avec les formalités qui seront prescrites; et en attendant, celles usitées jusqu'à ce jour continueront d'avoir lieu.

IX. Nul ne pourra être déclaré adjudicataire du marché, que préalablement il n'ait justifié de sa solvabilité ou donné caution suffisante.

X. Tous les frais dépendant de l'adjudication seront bornés aux frais de publication et d'affiches, et seront supportés par l'adjudicataire.

XI. Les différens ouvrages à exécuter par les entrepreneurs adjudicataires, seront surveillés dans tous leurs détails par les agens militaires, qui en feront les toisés particuliers, en présence desdits entrepreneurs ou de leurs commis avoués, à mesure des progrès desdits ouvrages. Ces toisés particuliers seront signés par les entrepreneurs ou par leurs commis avoués, et certifiés par les agens militaires chargés de la direction des travaux.

XII. Chaque année, aux termes des travaux, les toisés partiels seront réunis en un seul toisé général, en présence de l'entrepreneur, par les agens militaires qui auront surveillé et dirigé tous les détails des travaux. Ce toisé sera signé par l'entrepreneur, certifié par lesdits agens, et visé par ceux d'entr'eux qui auront inspecté les travaux.

XIII. Le toisé général, certifié et visé, ainsi qu'il a été dit dans l'article précédent, sera remis au commissaires des guerres, pour être arrêté par lui après en avoir vérifié les calculs. Ledit toisé sera ensuite soumis au visa de celui des corps administratifs pardevant lequel aura été passé le marché.

XIV. Les parfaits payemens des

travaux militaires exécutés par les entrepreneurs, ne leur seront dus et ne pourront être ordonnés à leur profit, par le ministre de la guerre, que préalablement les formalités prescrites par les articles XI, XII, et XIII n'aient été remplies. Lesdits payemens ne seront exigibles, par les entrepreneurs, que trois mois après la confection du toisé général.

XV. Pourront néanmoins lesdits entrepreneurs, à mesure de l'avancement des ouvrages, recevoir, sur les certificats des agens militaires et d'après les ordres du ministre de la guerre, des à-comptes proportionnés à la portion du travail exécuté, et ce, jusqu'à la concurrence des trois quarts des travaux entrepris.

XVI. Les marchés qui seront passés après la publication du présent décret, ne seront plus sujets à la retenue de quatre deniers pour livre; quant à ceux antérieurs à ladite époque et qui sont grevés de cette clause, ils resteront chargés de ladite retenue, dont le montant sera déduit de celui du toisé général.

XVII. Les travaux militaires des garnisons de l'intérieur ne pouvant être soumis à la surveillance des agens militaires, d'une manière aussi exacte et aussi constante que dans les places de guerre et postes militaires dans chaque garnison de l'intérieur, un conservateur chargé de veiller à l'entretien journalier de bâtimens militaires, le roi nommera et instituera, aux réparations de détail, et qui sera tenu d'en rendre compte aux agens militaires désignés à cet effet. Ces conservateurs seront amovibles à la volonté du roi.

XVIII. Les conservateurs des bâtimens militaires seront logés, autant que faire se pourra, dans les bâtimens confiés à leurs soins et sur les fonds destinés à l'entretien des établissemens militaires; il leur sera accordé un traitement annuel proportionné à l'étendue des objets dont ils seront chargés, mais qui ne pourra jamais excéder trois cents livres.

XIX. Dans les garnisons habituelles de l'intérieur, les places de secrétaires-écrivains ne seront point incompatibles avec celles de conservateurs des bâtimens militaires; mais lorsqu'elles seront réunies, celui qui en sera revêtu n'emportera pas nécessairement la totalité du traitement affecté à chacune d'elles; il pourra même n'avoir pour les deux que le traitement affecté à la place de sécrétaire-écrivain.

XX. Les agens militaires, chargés sur les frontières de la direction des travaux militaires, étendront leur surveillance sur les établissemens de l'intérieur. D'après les ordres qu'ils en recevront du ministre de la guerre, ils indiqueront les principales réparations, dresseront les devis des marchés, les états de dépense, et tiendront la main à tout ce qui peut contribuer à la conservation desdits bâtimens et établissemens militaires, comme pour ceux des places de guerre. Lorsque les agens militaires ne seront employés dans les garnisons de l'intérieur que momentanément et pour constater l'état des bâtimens militaires, il leur sera tenu compte, sur les fonds de la guerre, des frais de leur déplacement.

XXI. Les entrepreneurs des travaux militaires seront tenus de se conformer, pour leur exécution, non-seulement aux conditions des devis et marchés, mais encore aux mesures, aux formes, aux distributions et emplacemens d'ateliers, aux dépôts de matériaux, et autres dispositions qui leur seront prescrites par les agens militaires chargés de la direction des travaux. Lesdits entrepreneurs et leurs préposés seront également tenus à l'obéissance envers les agens militaires, dans tout ce qui concernera l'exécution desdits travaux.

XXII. Tous particuliers non militaires employés aux travaux militaires, seront en cette qualité, et pour tout ce qui concernera l'exécution de ces travaux, soumis graduellement à l'obéissance envers les officiers et autres préposés chargés de surveiller et de diriger lesdits travaux, sauf, en cas de prétentions pécuniaires, ou de toutes autres plaintes qu'ils auroient à faire valoir à la charge les uns des autres, à se pourvoir pardevant les tribunaux civils, supposé qu'après en avoir référé à l'agent militaire chargé de la conduite des travaux, celui-ci n'ait pas pu les concilier ou les appaiser.

XXIII. Les particuliers non militaires, employés aux travaux militaires, seront, en cette qualité, soumis à la police des agens militaires, chargés de la direction des travaux; et en cas d'arrestation d'aucun deux, ils seront remis aux tribunaux civils.

XXIV. Lorsque des travaux indispensables exigeront la plus grande célérité, après que les troupes en garnison auront fourni toutes les ressources qu'on en peut attendre, les corps administratifs, d'après la réquisition des agens militaires, seront tenus d'employer tous les moyens légalement praticables qui seront en leur pouvoir, pour procurer le supplément d'ouvriers nécessaires à l'éxécution des travaux. Dans ce cas, le salaire desdits ouvriers sera fixé par les corps administratifs.

XXV. Dans le cas de travaux pressés, les agens militaires chargés de leur direction, pourront ne point les interrompre les jours de dimanches et fêtes chomées, à la charge par eux d'en prévenir les municipalités.

XXVI. Les ouvriers employés aux travaux militaires seront payés par les entrepreneurs, au plus tard, toutes les trois semaines, d'après les toisés particuliers des ouvrages, et toutes les semaines pour le nombre des journées de travail. Il ne pourra être fait aucune retenue sur les salaires, si ce n'est pour les soldats ouvriers, celle nécessaire pour payer leur service de garnison et leur habillement de travail, s'ils n'y ont pas satisfait; l'assemblée nationale n'entendant point d'ailleurs déroger aux loix concernant les actions et oppositions des créanciers envers leurs débiteurs.

XXVII. Lorsque les travaux des fortifications, ou tous autres objets de service militaire, exigeront, soit l'interruption momentanée des communications publiques, soit quelques manœuvres d'eaux extraordinaires, ou toute autre disposition non usitée qui intéressera les habitans, les agens militaires ne pourront les ordonner qu'après en avoir prévenu la municipalité, et pris avec elle les mesures convenables pour que le service public n'en reçoive aucun dommage.

SUITE DU TITRE VI.

Comité des fortifications.

ARTICLE PREMIER.

Attendu l'importance des travaux des fortifications, et la nécessité d'employer les fonds qui leur sont destinés, de manière à concilier l'économie des deniers de l'état, avec l'intérêt de sa défense, il sera formé un comité des fortifications, lequel s'assemblera tous les ans près du ministre de la guerre, dans l'intervalle du premier janvier au premier d'avril ; en sorte que les objets dont il devra s'occuper soient terminés à cette dernière époque.

II. Ce comité, formé d'officiers du génie, désignés et appelés par le ministre de la guerre, sera toujours composé de deux inspecteurs généraux et trois directeurs des fortifications, auxquels pourront être adjoints tels officiers généraux supérieurs ou autres du corps du génie que le ministre jugera nécessaires. Il sera toujours présidé par le plus ancien des inspecteurs appelés,

III. Le président du comité prendra les ordres du ministre sur tous les objets à proposer à la délibération des membres, et ces objets pourront être les projets généraux et particuliers des différentes places de guerre du royaume, la répartition des fonds qui leur seront affectés, l'instruction de l'école du génie, les progrès et la perfection des différentes branches de l'art des fortifications, ou tels autres objets de théorie ou de pratique militaire que le ministre jugera à propos de donner à discuter au comité.

IV. Le résultat motivé des délibérations du comité sera remis au ministre par le président du comité, et chacun de ses membres sera libre de joindre à ce résultat les motifs de son opinion particulière, dans le cas où elle seroit contraire à la majorité.

V. Lorsque le comité discutera des questions qui embrasseront le système général de la défense d'une ou de plusieurs parties des frontières, le ministre pourra, s'il le croit utile, lui adjoindre des officiers généraux, supérieurs ou particuliers de la ligne, en tel nombre qu'il le croira convenable.

VI. Pour faciliter les opérations de ce comité et lui donner le degré d'utilité dont il peut être susceptible, il sera formé un dépôt de tous les mémoires, plans, cartes et autres objets provenant des travaux du corps du génie relatifs aux places de guerre et établissemens militaires, ou à la défense des frontières. Ce dépôt, sous le nom d'*archives des fortifications*, sera dirigé par un lieutenant-colonel du corps du génie, sous le nom de *directeur*, lequel, secondé d'un ou de deux officiers au plus du même corps, surveillera les objets confiés à sa garde, classera les papiers et les dessins. Cet officier et ses adjoints seront aussi chargés de la conservation et de l'entretien des plans en relief, et le ministre de la guerre proposera le supplément d'appointemens qu'il croira nécessaire de leur accorder pendant la durée de leurs fonctions, ainsi que l'organisation et la dépense de ce dépôt.

VII. Les officiers du génie attachés aux archives des fortifications seront nommés par le roi, amovibles à sa volonté, et ne pourront continuer à être employés aux fonctions qui leur sont assignées par l'article VI précédent, lorsqu'ils passeront à un grade supérieur à celui dont ils sont revêtus.

ETAT des Places & Postes de l'intérieur dont les parties fortifiées étant reconnues inutiles à la sûreté des frontieres, peuvent être supprimées dès ce moment même, & aliénées par les Corps administratifs.

Lens.
Mouzon.
Sarrebourg.
Oberenheim.
Colmar (*haut Rhin.*)
Château de Dijon.
Montlimart.
Tour du Crest.
Château de Saint - André de Villeneuve.
Tour du pont d'Avignon.
Fort de Saint-Hyppolite.
Château de Beauregard.
Château de Ferrières.
Château de Sommières.
Citadelle de Nîmes.
Château - Trompette ..... } *Bordeaux.*
Fort Sainte - Croix ...... } *Bordeaux.*
Château du Haa .... } *Bordeaux.*
Château d'Angoulême.
Château de Loches.
Château de Saumur.
Château d'Angers.
Château de Rouen.

ETAT des Places de guerre & Postes d'impor

PREMIERE

PLACES.	POSTES.
Calais & dépendances.	
Gravelines.	
Dunkerque & dépendances.	
Bergues & dépendances.	
Saint-Omer.	
Lille.	
Douai & dépendances.	
Valenciennes.	
Condé & dépendances.	
Maubeuge.	
Philippeville.	
Charlemont & les Givets.	
Mézières.	
Sedan.	
Montmédy.	
Longwy.	
Thionville.	
Metz.	
Sarrelouis.	
Bitche.	
Landau & dépendances.	
Strasbourg.	
Neufbrisack.	
Huningue.	
Besançon.	
	Fort-l'Écluse.
	Pierre-Chatel.
Fort-Barraux.	
Grenoble.	
Briançon.	
Mont-Dauphin.	Queiras.

militaires, classés suivant leur degré tance.

CLASSE.

PLACES.	POSTES.
Antibes.	
Toulon & dépendances.	
Les forts de Marseille.	
	Les forts de Cette.
Perpignan & dépendances.	
Port-Vendres & dépendanc.	
	Bellegarde & dépendances.
Mont-Louis.	
Saint-Jean-Pied-de-Port.	
Bayonne & dépendances.	
	Fort-Médoc.
Blaye.	
L'Isle d'Oleron.	
	L'Isle d'Aix & dépendances.
La Rochelle & dépendances	
L'Isle de Rhé.	
Belle-Isle & dépendances.	
Port-Louis & dépendances.	
Brest & dépendances.	
Saint-Malo & dépendances.	
	La Hougue & dépendances.
Cherbourg & dépendances.	
Le Havre.	
Corse. { Ajaccio & dépend. / Bastia.	
49 PLACES.	8 POSTES.

DEUXIEME

PLACES.	POSTES.
	Citadelle de Montreuil.
Boulogne & dépendances.	
Ardres.	
Aire & dépendances.	
	Saint - Venant.
Bethune.	
Arras.	
Bouchain.	
Cambrai.	
Le Quesnoy.	
Landrecy.	Bavai.
Guise.	
Avesne.	
Rocroy.	Mariembourg.
	Château de Bouillon.
	Carignan.
	Stenai.
Verdun.	
	Rodemaken.
	Sierck.
Marsal.	
Veissembourg.	Lauterbourg.
Fort-Louis du Rhin.	
Phalsbourg.	La Petitepierre.
Schelestat.	
	Fort - Mortier.
	Landskron.
Betfort.	
	Château de Blamont.
	Château de Joux.
Embrun.	Saint - Vincent & Val de Barcelonnette.
	Colmar & dépendances.
Entrevaux.	

CLASSE.

PLACES.	POSTES.
	Les Isles Ste-Marguerite.
Saint-Tropèse.	Les Isles de Hières.
	Citadelle du Saint-Esprit.
	Aiguemorte.
	Le Fort Brescou.
Collioure & dépendances.	
	Fort des Bains.
	Pratz de Mouillon.
	Villefranche.
Navarreins.	
	Endaye.
	Fort de Socoa.
Rochefort.	Fort Chapus.
	Fouras & dépendances.
	Château de Niort.
	Château de Nantes.
Lorient.	Les Isles d'Hedic & d'Ouat.
	L'Isle de Gronais.
	Concarneau.
	Château de Toreau.
Granville & dépendances.	Le Fort de Châteauneuf.
	Château de Caen.
	Château de Dieppe & dép.
	Batteries & retranchem. sur les côtes & isles qui les avoisinent.
Bonifacio & dépendances.	Isle Rousse.
Calvi & dépendances.	Tour de Vivario.
Saint-Florent & dépend.	Tour de Bogoguano.
30 PLACES.	42 POSTES.

TROISIEME

PLACES.	POSTES.
Abbeville.	
Montreuil.	Fort Mardick.
Hesdin.	
Doulens.	
Bapaume.	
Amiens.	
Péronne.	
Hame.	
Saint-Quentin.	
La Fère	
Toul.	
Nancy.	
Hagueneau.	Lichtemberg.
Auxonne.	
Salins & dépendances.	

CLASSE.

PLACES.	POSTES.
Valence.	
Seine.	
Sisteron.	
	Fort d'Alais.
	Pécais.
	Citadelle de Montpellier.
Béziers.	
Narbonne & dépendances.	
	Château de Salces.
Carcassonne.	
	Château de Lourdes.
	Dax.
	Brouage.
Carentan.	
Corté & dépendances.	
23 PLACES.	9 POSTES.

TOTAL.... 161 PLACES & POSTES.

TABLE
DES DÉCRETS.
Contenus dans le Code Militaire.

Code de l'armée de mer.

www.ingramcontent.com/pod-product-compliance
Ingram Content Group UK Ltd.
Pitfield, Milton Keynes, MK11 3LW, UK
UKHW020545180726
13838UKWH00001B/54